中国体育博士文丛

U1010371

我国职业篮球俱乐部核心竞争力理论架构研究

赵述强　著

北京体育大学出版社

策划编辑　孙宇辉
责任编辑　潘海英
责任校对　韩培付
版式设计　李沙沙

图书在版编目（CIP）数据

我国职业篮球俱乐部核心竞争力理论架构研究/赵述强著．--北京：北京体育大学出版社，2021.4
ISBN 978-7-5644-3399-4

Ⅰ．①我… Ⅱ．①赵… Ⅲ．①篮球运动-俱乐部-核心竞争力-研究-中国 Ⅳ．①G841.62

中国版本图书馆 CIP 数据核字（2020）第 242896 号

我国职业篮球俱乐部核心竞争力理论架构研究　　赵述强　著
WOGUO ZHIYE LANQIU JULEBU HEXIN JINGZHENGLI
LILUN JIAGOU YANJIU

出版发行：北京体育大学出版社
地　　址：北京市海淀区农大南路 1 号院 2 号楼 2 层办公 B-212
邮　　编：100084
网　　址：http：//cbs.bsu.edu.cn
发 行 部：010-62989320
邮 购 部：北京体育大学出版社读者服务部 010-62989432
印　　刷：北京建宏印刷有限公司
开　　本：710mm×1000mm　1/16
成品尺寸：170mm×240mm
印　　张：12
字　　数：151 千字
版　　次：2021 年 4 月第 1 版
印　　次：2021 年 4 月第 1 次印刷
定　　价：58.00 元

（本书如有印装质量问题，请与出版社联系调换）
版权所有·侵权必究

序　言

1995年，中国篮球协会在中国男子篮球甲级联赛基础上，以产业化、职业化为导向，推动了中国篮球职业联赛及职业篮球俱乐部的成立。此后，经过国家体育总局、中国篮球协会及俱乐部等的不懈努力，中国篮球职业联赛于2005年正式更名为中国男子篮球职业联赛（简称“联赛”）。如今，随着联赛的不断改革，在知名度、品牌形象、规模等方面都得到提高，逐渐成为国内乃至亚洲最具观赏性的职业化赛事之一。然而，在联赛取得一系列硕果的背后，俱乐部的发展却是不温不火，由于收支不平衡，一些俱乐部长期处于亏损状态，这显然与联赛的发展不相匹配。

职业篮球俱乐部是在市场条件下，伴随着城市化、商业化发展而来，是联赛的核心组成部分。目前，美国男子职业篮球联赛作为世界职业篮球发展的典范，成为各国争相模仿的对象。仔细分析美国男子职业篮球联赛各俱乐部，不难看出，俱乐部作为市场中的独立个体，都以盈利为导向，根据自身特点形成自身的竞争力，其中科学的企业化治理、运营、人才培养及文化等要素所产生的核心竞争力成为其长盛不衰的关键。而我国职业篮球俱乐部在转变的过程中依然带有双轨制遗留下的弊端，原有体工队中的“唯战绩论”观念一直存在，以至于俱乐部无法作为一种实体企业来运营。目前，我国职业篮球正处在计划经济向市场经济的变革期。2016年颁布的《体育发展“十三五”规划》明确提出积极探索社会主义市场经济条件下职业体育的发展方式，依法明确职业体育发展的主体，理顺各利益主体间的关系，切实维护各方合法权益；改进职业联赛决策机制，不断完善和建设中国特色职业体育联赛制度，这为我国职业篮球俱乐部作为一种经济实体迈向市场化、企业化发展提供了契机。

正因如此，近些年随着社会各界对职业篮球的持续关注，我产生了对俱乐部企业化进行研究的兴趣，萌生了对俱乐部核心竞争力进行研究的想法。起初，研究的逻辑思路并不清晰，为此我特意请教了我的老师、北京体育大学刘卫军教授和潘祥副教授，在他们的指导下，结合我国职业篮球发展的实际情况，引入管理学中的核心竞争力理论，深入挖掘与分析制约俱乐部职业化发展的核心要素，建立俱乐部核心竞争力评价模型，并提出相应的培育途径与策略，最终形成了本书的研究思路。

在本书的撰写过程中，参考了大量国内外研究者的相关成果，在此向他们表示感谢。此外，由于本人水平有限，在写作过程中难免存在疏漏之处，恳请读者批评指正。

2019年3月

目 录
CONTENTS

第一章

导　论

第一节　研究背景与意义

一、研究背景

20 世纪 90 年代，在世界体育职业化浪潮的影响下，中国篮球协会在甲 A 联赛基础上正式拉开了我国竞技篮球职业化发展的序幕。初期，各俱乐部更多地沿用原有军区、体工队等管理与训练模式，形式上带有典型的计划经济特征。如今，在历经重大实践变革后，俱乐部也发生了本质变化。一些俱乐部从原有的政府机关、国有经济脱离出来，更多的个人、合伙制等私人经济开始进驻俱乐部，俱乐部开始以市场经济体朝着商业化、娱乐化、社会化等方向发展。然而，放眼欧美发达国家，俱乐部作为市场化经济与社会分工的产物，在经营体育项目的同时严格遵循着市场中价格、价值、供求等竞争的基本规律，以获取相应的社会利润。目前，我国职业篮球俱乐部依然未能摆脱双轨制经济的羁绊，彻底的职业化运作模式还未形成。

（一）职业化背景下国内职业篮球俱乐部的发展状态

中国男子篮球职业联赛（China Basketball Association，CBA）自1995年诞生以来，历经20余年洗礼，在上座率、转播率以及品牌影响力等方面得到了较大提升，正逐渐成为国内乃至亚洲最重要的体育联赛之一。但可喜的成绩背后，我们发现联赛受大环境影响，在赛制、裁判员制度、球员流动、法律规范等方面还存在诸多问题，正如前国家体育总局篮球运动管理中心主任李元伟所言：咱们联赛受大环境影响，还是行政主管型的联赛，职业化改革也不彻底，不能称之为真正意义上的职业联赛，应该是准职业联赛或者半职业联赛，或者是向真正的职业联赛过渡的联赛。

职业篮球俱乐部作为联赛的重要组成部分，理应承担起推动联赛持续化发展的重任。在过去的10年间，伴随着职业化改革，各俱乐部几乎都完成了体工队向职业化俱乐部的转变，但在计划经济与市场经济双轨制的影响下，原有体工队下诸如俱乐部产权、责权、体制、机制、球员关系、主体地位等方面的问题依然存在。因此，在职业化改革背景下，以市场为主导，向市场化方向迈进，寻求良性发展成了目前各职业篮球俱乐部的基本诉求。当前，正是国内职业体育改革的档口，从国家体育总局、中国篮球协会到地方政府都在积极地促进职业篮球事业的发展。为此，职业篮球俱乐部需要抓住有利时机，在创新与改革中形成自身的核心竞争力，以实现俱乐部更快更好的发展。

（二）可持续化发展背景下职业篮球俱乐部的使命

近些年，实现我国体育的可持续性发展成了国家体育发展中的重要内容。《体育发展“十三五”规划》明确指出：新时期要实现体育的创新、协调、绿色、开放、共享性发展。篮球作为国内较早实现职业化的项目之一，已在国内形成了较大的影响力。从世界各国篮球发展来看，职业篮球俱乐部已经成为运动员赖以生存的土壤。在我国，伴随着篮球运动发展的热潮，职业篮球俱乐部被赋予了更多的使命：首先，作为篮球竞技人才培养的基地，需要肩负起为国家培养并输送高水平人才，不断提高国家篮球竞技水平的重任；其次，自北京奥运会后，大众健身提上日程，职业篮球俱乐部的不断发展，尤其是球员竞技水平的提高将对少年、青年等群体参与篮球运动产生积极的影响，从而有效地响应了国家大众健身政策的实施；最后，职业篮球俱乐部在自身发展的同时需要带动周边制造业、服务业等相关行业的协同发展。此外，职业篮球俱乐部还具有拉动体育消费、促进社会公益服务和区域交流等作用。目前，我国职业篮球俱乐部还未完全肩负起这些使命，但不可否认的是俱乐部的角色随着国内篮球运动的发展愈发重要。因此，当下职业篮球俱乐部需要在国内职业体育改革的浪潮中不断实现自我完善与提高，更好地履行自身的职责，为我国体育的可持续化发展贡献力量。

（三）多元化发展背景下职业篮球俱乐部核心竞争力的作用

核心竞争力作为19世纪末著名的企业战略理论，相对于竞争力理论，它更加明确了企业拥有的独特资源所形成的核心能力对于企业长远发展的重要意义。如今，在多元化发展的信息化时代，企业核心技术、能力、知识等方面的不断更新让企业所面临的压力与日俱增，保持和寻求自身的核心竞争力成了企业持续向前发展的重要途径。

职业篮球俱乐部作为一种特殊的企业经济实体，大多已经成为如企业一样的市场化组织，企业核心竞争力理论理应渗透到职业篮球俱乐部的管理与运营当中并发挥作用。在欧美发达国家，俱乐部已经实现了企业管理的运作模式，这点从美国男子职业篮球联赛（National Basketball Association，NBA）俱乐部良好的运营中可见一斑。中国男子篮球职业联赛各俱乐部发展至今虽然已有几十年的历程，但无论是在俱乐部管理、运营、竞技比赛等硬实力方面，还是在技术、知识、能力等软实力方面都存在一定的不足。因此，在职业化改革的关键期，职业篮球俱乐部正处于向公司化、企业化转变的瓶颈期，引入该理论并形成核心竞争力对俱乐部今后的发展具有重要作用。第一，提升职业篮球俱乐部的竞技实力，提高战绩。职业篮球俱乐部主要是以竞技实力为基础的体育社会化组织，核心竞争力的形成必然将提高俱乐部竞技水平作为一项核心内容，使俱乐部在球员引进、培养、训练、比赛等方面得到较大的改善，从而提升整体竞技实力。第二，健全职业篮球俱乐部运营机制，实现盈利。俱乐部发展的最终目的之一是获得经济效益。核心竞争力的形成有利于调动俱乐部资源的配置，让俱乐部开始注重运营机制的建设，实现俱乐部收支平衡。第三，促进职业篮球俱乐部的可持续性发展。核心竞争力是俱乐部战略的主题，是俱乐部一切计划的中心，它的难以模仿性和动态性保证了俱乐部可以长时间获得竞争优势，实现长远的发展。第四，推动我国竞技体育、职业体育、大众体育协同化发展。核心竞争力是职业篮球俱乐部多种资源流的集合，涉及球员、营销、实施、训练技术等方方面面，它的发展不仅对俱乐部自身产生了影响，更波及了竞技体育及大众体育等领域。总体而言，我国职业篮球俱乐部核心竞争力所扮演的角色，随着不断推进职业化进程以及形成中国特色的职业篮球联赛而显得愈发重要。

（四）问题的提出

以上，从联赛及职业篮球俱乐部发展状况到俱乐部的使命再到俱乐部核心竞争力的作用，凸显了当前俱乐部迫切形成核心竞争力的必要性。核心竞争力是20世纪90年代在企业发展过程中提出的重要理论。之前，从概念、本质或者特征等一个侧面入手探讨核心竞争力对企业发展的作用的研究颇多，虽然该理论或多或少地在体育领域中出现过，但应用于职业篮球俱乐部的案例研究很少。如今的职业篮球俱乐部已经开始等同于小型企业。因此，研究俱乐部核心竞争力及其培育与提升将成为当前各职业篮球俱乐部发展中所要考虑的重要问题。基于此，本书在对职业篮球俱乐部当前情况以及俱乐部外围环境进行了解的基础上，参考企业核心竞争力，对我国职业篮球俱乐部核心竞争力进行相关的研究。

二、研究意义

迄今为止，核心竞争力理论已经成为现代企业战略管理中的重要理论之一，但相关研究主要集中于其他行业，而在我国职业俱乐部中，尤其是针对职业篮球俱乐部核心竞争力的研究并不多。因此，结合实践，对我国职业篮球俱乐部核心竞争力理论进行架构，形成理论架构体系，有利于促进有关我国职业篮球俱乐部管理的理论研究，使其更加完整与成熟。此外，该理论的研究还有助于职业篮球俱乐部寻找自身发展的不足，打造俱乐部核心竞争力，为实现真正自负盈亏的职业化俱乐部提供理论支撑。

随着中国男子篮球职业联赛职业化程度加深，各职业篮球俱乐部在发展中已经积累了一定的基础和优势，这为俱乐部打造与发展自身核心竞争力奠定了基础，然而，诸如责权不清、经营管理不够科学、收支不平衡等问题依然存在。我国职业篮球俱乐部核心竞争力理论的提出，在实践中有利于总结俱乐部发展中存在的问题，找出原因；有利于俱乐部认清自身不足、强化内部管理、及时反馈管理偏差、争取竞争主动权，让俱乐部在科学理论指导的基础上，健康有序地发展。

第二节　研究思路与整体框架

本书在总结我国职业篮球俱乐部发展问题基础上，以企业竞争优势、竞争力及核心竞争力理论体系为主要理论依据，以美国男子职业篮球联赛俱乐部发展经验及国内职业篮球俱乐部存在的问题为实践依据，对我国职业篮球俱乐部核心竞争力理论架构展开研究：首先，对理论架构内容进行分析研究；其次，建立俱乐部核心竞争力评价体系，并做应用研究；最后，提出我国职业篮球俱乐部核心竞争力的培育机制与提升策略（图 1-1）。

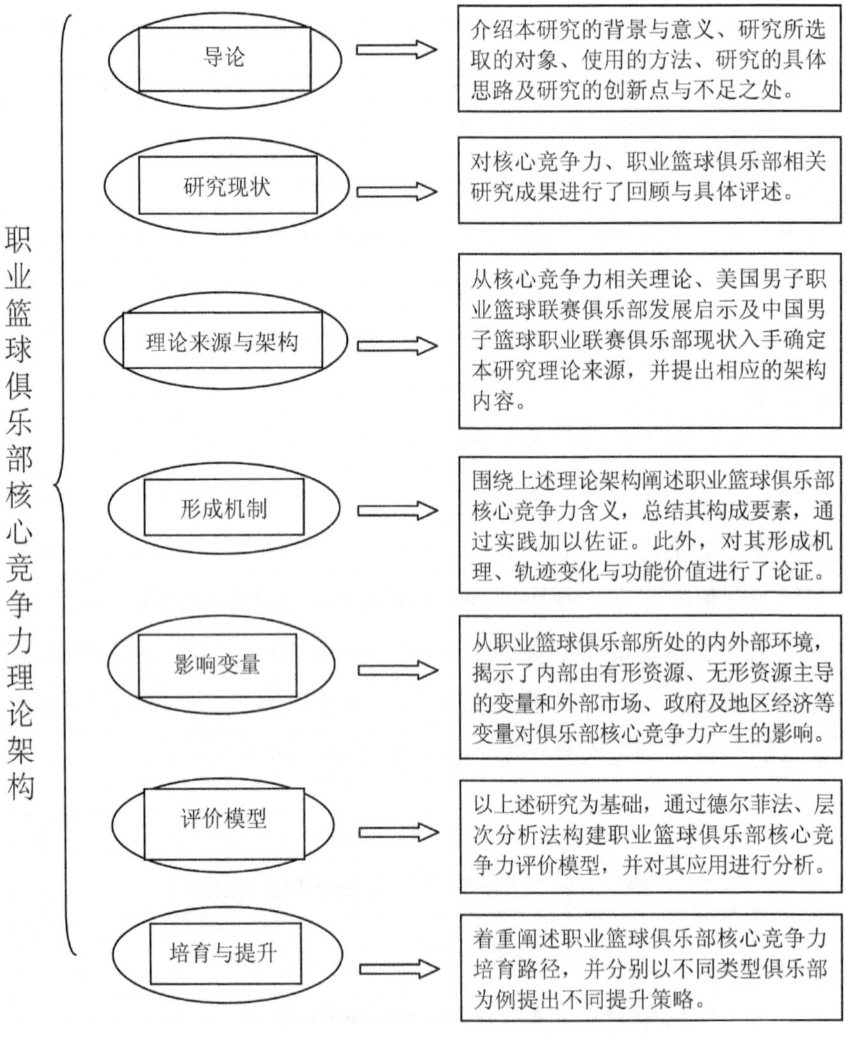

图 1-1　我国职业篮球俱乐部核心竞争力理论架构

第三节 研究方法

一、文献资料法

本书以“职业篮球俱乐部”“核心竞争力”“核心竞争力评价体系”为关键词，通过中国知网、万方数据库等检索国内外核心期刊、硕博士论文等相关文献300余篇；查阅国家图书馆及北京体育大学图书馆有关职业篮球俱乐部发展状况、评价体系方法等书籍资料50余部；浏览中国篮球协会、新浪、网易、腾讯、搜狐、中国男子篮球职业联赛官网、美国男子职业篮球联赛官网、娱乐与体育节目电视网（Entertainment and Sports Programming Network，ESPN）、德国及西班牙职业篮球联赛官网等相关网站；人工搜集篮球专家在报刊、网站上的个人专访、事实报道等。最后，将获取的所有资料进行汇总、提取、精炼，作为本书的主要理论依据。

二、逻辑分析法

本书运用定义法、归纳法、分析法、分类法、比较法等方法对我国职业篮球俱乐部核心竞争力研究中的相关概念、构成要素及影响因素、指标归类、评价方法的选择等内容进行细分、归纳与总结，进而得出研究结论与建议。

三、专家访谈法

在阅读大量国内外文献资料及结合自身了解的基础上，就我国职业篮球俱乐部核心竞争力提出和研究过程中的相关问题，对中国篮球协会、俱乐部的相关管理人员及长期从事职业篮球俱乐部、体育职业化等方向研究的相关专家进行访谈，最后对访谈内容进行整理归纳。

四、问卷调查法

在查阅相关参考文献及进行专家访谈的基础上拟定出相关调查问卷。

（一）问卷的基本结构

问卷共涉及三个主题内容：一是我国职业篮球俱乐部核心竞争力指标筛选；二是我国职业篮球俱乐部核心竞争力的相关问题；三是我国职业篮球俱乐部核心竞争力指标权重确定。问卷采取封闭形式，由调查对象自主填写。

（二）问卷的发放与回收

调查对象为长期从事篮球专业的专家、职业篮球俱乐部管理层及教练员、球员等。发放问卷采取提前预约当面发放和由中国篮球协会工作人员邮件发放相结合的形式。问卷发放工作从 2017 年 3 月开始，先对国内篮球领域专家及长期从事篮球工作的学者发放调查表，共计发放 35 份，回收 35 份，有效率 100%。此后，将整理修改后的问卷再向职业篮球俱乐部管理层（16 份）、教练员（10 份）及球员（20 份）发放，共计发放 46 份，回收 44 份，回收率 95.65%，回收的问卷均有效，有效率 100%。

（三）问卷的信效度检验

关于问卷的信度检验，信度检验主要采用内部一致性信度，系数越大，内部一致性越高，测得的分数越可靠。为此，研究中使用折半信度法，即将问卷的试题按照题号的奇偶数分开，然后分别求出两部分的相关系数。最后，用斯皮尔曼-布朗公式分别计算出信度系数。选取专家 20 名，其中正高职称 15 人、副高职称 5 人，以对问卷结构设计、内容设计及整体设计进行主观评分的方式进行问卷效度检验。

五、数理统计方法

利用 Excel、SPSS 等软件对所得到的数据进行统计学处理，一方面用来为职业篮球俱乐部核心竞争力的相关理论内容分析提供可靠依据；另一方面为运用层次分析法建立我国职业篮球俱乐部核心竞争力评价体系提供数据支持。

第四节　主要创新点与不足之处

一、主要创新点

我国职业篮球俱乐部核心竞争力理论架构的提出。本书在梳理企业核心竞争力及我国职业篮球俱乐部的相关内容时，将核心竞争力理论引入我国职业篮球俱乐部中来，为职业篮球俱乐部的发展提供一些依据。

本书对于职业篮球俱乐部核心竞争力的概念、本质、特征、构成要素、影响因素、形成机理、功能价值等内容的研究是在调查相关俱乐部情况的基础上展开的，而不是简单地从企业核心竞争力中移植过来。

我国职业篮球俱乐部核心竞争力评价体系的建立。与以往职业俱乐部理论研究不同的是，本书对职业篮球俱乐部从内部治理、经营管理到综合竞技水平等内容进行了全方位的研究，建立起适合俱乐部自身的评价体系。

我国职业篮球俱乐部培育机制及提升策略。在本书中，职业篮球俱乐部核心竞争力与国内联赛、政策、市场及俱乐部自身状况紧密结合，克服了原有一些研究只注重宏观指导、脱离实际的现象。

二、不足之处

本书对我国职业篮球俱乐部核心竞争力进行研究，通过文献、逻辑、问卷等研究方法，对俱乐部核心竞争力从概念、形成过程、评价到培育及提升进行了研究，但依然存在诸多不足。首先，核心竞争力属于管理学概念，引入体育学中难免存在对概念、本质等研究不深入的问题。其次，在对核心竞争力评价方法的选择、建立及未来的运用上未必完全契合职业篮球俱乐部的发展，随着俱乐部的发展与壮大，很多指标及评价方式需要进一步探索。

第二章

研究现状

第一节　关于竞争优势、竞争力及核心竞争力研究的若干问题

从比较优势理论到竞争力理论再到企业核心竞争力的演进过程来看，它们无疑是近代核心竞争力发展的主要源泉。由此，梳理它们的主要思想对职业篮球俱乐部核心竞争力的提出具有重要作用。

一、比较优势理论和持续竞争优势理论

17 世纪，经济学家大卫 · 李嘉图率先提出比较优势理论，该理论强调了生产要素禀赋的重要性。虽然在现代企业中，生产要素的贡献正在随着企业的壮大而降低，但对于我国职业篮球俱乐部的发展，生产要素依然是俱乐部核心竞争力形成的重要基础，如更多资金的投入换回了高质量球员，进而产生高质量比赛；训练基地的设施改善让球员拥有稳

定的训练环境。当然，比较优势理论虽然在一定程度上弥补了绝对优势理论的理论缺陷，提出一个国家或企业在没有优势产业情况下也可以实现的利益获得，但它也存在致命的缺点，即过分地强调生产要素的重要性，并将生产要素作为核心。然而，职业篮球俱乐部仅凭生产要素还难以支撑起俱乐部资源与利润的关系，高投入并不一定能够带来高回报，提高职业篮球俱乐部核心竞争力还需要很多要素的支持与帮助。很显然，生产要素仅仅是职业篮球俱乐部核心竞争力的一个要素，而不是全部。

持续竞争优势理论的产生相对较晚，该理论也是以体现企业“竞争”为主基调的优势理论。霍费尔和申德尔的研究认为，持续竞争优势是企业系统化综合能力的结果，具有持久的生命力。该理论涉及了长期获得竞争优势的问题，为我国职业篮球俱乐部自身形成持续的竞争优势提供了一个重要思路。从我国职业篮球俱乐部发展来看，好的俱乐部并不是仅靠生产要素、战绩等某几项内容简单地拼凑在一起形成的，相反，实现各内容的优化组合，用系统化综合能力而非某几个要素形成稳定的核心竞争力，才能实现更好、更快的发展。

二、竞争优势理论

美国著名的经济学家迈克尔·E. 波特提出了竞争优势理论，解释了一个企业缘何可以在某些领域中长期保持竞争力，以及高的生产效率是如何产生的，其主要成果包括菱形理论与价值链理论。菱形理论主要阐述企业外部因素对企业获得竞争优势的作用，如需求条件、相关及支持产业、公司战略环境、组织及竞争状态等因素。我国职业篮球俱乐部是以联赛为依托，通过出售表演及衍生品获得利润的实体。因此，职业篮球俱乐部核心竞争力的发展需要从影响俱乐部发展的外部因素去寻找。

此后，为更好地凸显企业具有的竞争优势，波特开始从企业内部寻找影响竞争优势的因素，提出了价值链理论。价值链理论从内部阐述了高效的生产效率是如何运转及建立起竞争优势的。该理论对职业篮球俱乐部形成持续竞争优势影响明显。我国职业篮球俱乐部拥有统一的联赛环境，政策、赛制、训练设施等要素几乎相同，俱乐部核心竞争力的形成更需要从俱乐部内部入手，尤其是在管理层的战略决策、经营机制的形成及俱乐部市场拓展的能力整合上。

综上，从比较、持续竞争优势理论到竞争优势理论，我们认为在单一生产要素的基础上还需要不断整合内、外部资源，产生强大的耦合作用，才能保持企业持续的竞争力。因此，对于职业篮球俱乐部而言，它的核心竞争力要素显然不是单一的，而是某些关键要素的集合，不仅要包括俱乐部的重要生产要素，如资金、球员等有形要素，同时还要凸显诸如俱乐部文化、制度、知识、能力等无形要素，并时刻保持无形要素与有形要素的结合。

三、竞争力理论

A. M. 斯宾塞、乔治·M. C. 菲什等提出了竞争力理论。核心竞争力是竞争力的重要组成部分，在考察职业篮球俱乐部核心竞争力时，竞争力理论是一个重要的借鉴内容。我国职业篮球俱乐部竞争力是俱乐部在市场中表现出来的一种外部力量或者能力，它主要包括四个层面的内容：基础要素层面，包括俱乐部所用的场馆、训练设备、康复医疗等实体性保障要素；经营产品层面，包括竞赛质量及控制能力、俱乐部的服务能力、俱乐部成本控制、俱乐部营销能力、俱乐部科研能力、俱乐部规模、俱乐部品牌等；制度层面，包括俱乐部整体的机构设置、权力分配、产权制度、运行机制等；隐性资源层面，包括俱乐部理念、文化、价值观、形象、创新能力、特色、长远战略等。

四、核心竞争力

（一）核心竞争力溯源

20 世纪 80 年代，市场经济体制在不同国家实行，供给相对过剩，追求利益最大化使企业间的竞争日趋激烈，中小型企业迅速崛起，逐步占据老牌大企业的市场。当时经济学领域中流行的波特产业分析理论，在微观上指导企业活动中略显乏力，一些企业理论研究人员开始将视角投向企业的特殊能力。于是，美国学者 C. K. 普拉哈拉德和 G. 哈默在《哈佛商业评论》中提出了核心竞争力理论。该理论的诞生在企业发展研究领域掀起了一轮新的思辨热潮。核心竞争力理论的形成主要吸收了来自经济学的劳动分工及战略管理等理论中关于企业内部因素的内容，确切说是这些理论相互融合的产物。

1. 劳动分工理论

早期的经济学家并没有直接提出有关核心竞争力的假想，但他们的思想或许已经触碰了这个概念，其中劳动分工理论及相关理论的产生是较早的开端。劳动分工理论是 18 世纪著名的经济学理论之一，它的创始人亚当·斯密在其《国富论》中指出，劳动生产力最大的增进以及运用劳动时所表现出的更大的熟练技巧和判断力似乎都是分工的结果。当时该理论的影响是空前的，将生产效率提高到了新的高度。亚当·斯密认为，劳动分工大幅度提高了生产效率，专业上的分工使得劳工的技术逐渐成熟，大量烦琐的工作可以简单细化，避免了工作转移的时间浪费。另外，因劳动分工，企业内部不同部门职能更加专业化、紧凑化及有序化，企业的经济效益持续走高。

随着社会的不断发展，一些经济学专家在亚当·斯密的研究基础上，提出新的内容。经济学家马歇尔将劳动分工进行了细化，如把企业的一项复杂的任务职能依次分解成若干次级单元，不同的次级单元对应不同的新旧知识和专业技能，该分工明确了不同专业职能的具体分工。奥地利经济学家哈耶克指出以劳动分工为基石，企业知识引发的能力分工是企业所需要的，他开始将经济学的概念引入管理学领域。此后，无论是从潘罗思的企业内部积累理论到钱德勒的现代企业成长论，还是从纳尔逊和温特的经济变迁演化论到爱迪思的企业生命周期理论，根本上都离不开劳动分工及其相关企业生长的内外部理论。

在核心竞争力起源的问题上，众多学者在文献中仅仅将劳动分工论作为核心竞争力的起源，而后续对诸如企业生长论、内部知识积累等理论却少有提及，这显然是不够的。从整个劳动分工理论的发展来看，企业内外分工中的效率、能力的提高以及企业间的协作与竞争关系涉及了核心竞争力的问题。但过细的分工可能引起以下问题：信息传递效率降低，附带成本增加，过于烦琐，让劳动者产生心理厌倦等。另外，劳动分工理论难以解释市场中存在同样生产过程的企业的存在，也没有说明分工是竞争体系的作用。从这个角度看，缺乏层次性、动态性解释的劳动分工及其相关理论并不是推动核心竞争力诞生的唯一理论，更不是培育竞争力的唯一途径，单一的劳动分工理论不足以支撑和诠释企业核心竞争力的产生与发展。

2. 战略管理发展论

战略又称谋略，最早是军事战略的简称。在现代研究中，战略是一个较为宽泛的概念，泛指对社会政治、经济、文化、科技和外交等领域长远、全局、高层次重大问题的筹划与指导。在现代企业中，战略被赋予更多的意义，其中战略管理是战略附属词中较为重要的一个。战略管理实际上是一个过程，是企业为达到预定的目标进行决策并采取行动的过程，包括制定过程和控制过程。相对于劳动分工理论，战略管理理论起步较晚。早期的战略思想始于20世纪初，法约尔、切斯特·巴纳德等围绕企业内部职能与外部环境展开研究，提出了三种战略思想观点，早期战略思想虽然未形成完整而有针对性的战略系统，但为后来的研究者们开辟了道路。20世纪60年代，现代战略管理理论逐渐登上了企业或组织管理学领域的舞台，并得到了相对广阔的发展空间。此时，以A. D. 钱德勒、伊戈尔·安索夫和肯尼思·R. 安德鲁斯为代表的学者对战略管理的概念进行了适当的剖析，并取得了较好的效果。20世纪70年代，学者们开始关注战略管理中的战略实施与控制，认为企业需要组织机构的变革以保障战略的实现。20世纪80年代后期，外部环境在制约企业发展中的作用被放大，这引发了研究者的热议。波特率先提出了竞争分析模型，剖析了环境对战略制定与实施的影响；H. 明茨伯格提出“精雕”战略，着重强调企业战略目标需要随环境的变化而不时地做出改进或创新。从核心竞争力的研究文献发现，核心竞争力源于企业战略管理，是其长期发展的产物，也是对先前战略理论的继承，被誉为第四代战略管理理论。从哲学的角度看，两者属于由量变引发的质变，前期理论的积累引发企业管理的更新。核心竞争力理论的诞生让更多长期仅关注外部环境的管理学家逐渐将视野转向对企业的内部资源、技术、知识、基础设施等要素的考察，实现了企业内外部评估的平衡，它是目前最接近企业发展以及指导企业更新的主要理论。

（二）核心竞争力相关概念研究

关于核心竞争力的概念，C. K. 普拉哈拉德和G. 哈默认为，核心竞争力是企业内部的积累性学识，特别强调协调不同生产技能和整合多种技术的问题。实际上，他们并没有给出详细而又明确的关于核心竞争力的定义，只是形成了一个模糊的概念。尽管如此，当时仍然引起了巨大反响。此后，国外许多专家学者从不同角度陆续展开研究，以核心竞争力为源头的四代企业管理理论研究迅速展开并形成了几个流派，它们分别是资源流派、技术创新流派、知识流派、组织流派、文化流派及流程流派等，这些流派进一步将核心竞争力理论的研究推向了新的高度。

在后续的研究中，核心竞争力逐渐演化成为广义、狭义两种，或许不少专家的研究相互间存在模仿与借鉴，但核心竞争力的多面性特点得到了认证。在一些专家学者的研究成果中，直接将核心竞争力理论理解为几种能力的集合，认为这几种能力提高了，企业自然能持续发展，这显然没有正确认识核心竞争力。由于流派较多，很多年轻的学者对该理论产生了诸多误区，如将竞争优势、人才、创新等都拿来当作企业的核心竞争力。显然，这是不准确的。

（三）核心竞争力构成要素与特征研究

1. 核心竞争力构成要素研究

关于核心竞争力的构成要素众说纷纭。目前，从整个研究环境来看，脱离核心竞争力概念，单独研究其构成的论著不多见，更多的是透过概念结合不同行业的现状来研究，挖掘核心竞争力的价值属性。随着核心竞争力理论的不断发展，围绕其构成问题，学者们产生了较多的分歧。巴顿等认为核心竞争力是一种能力构成，包括核心能力及组织能力在内的若干要素，但很快遭到C. K. 普拉哈拉德等人的质疑，核心竞争力不能与核心产品及核心能力画等号，核心竞争力在于对企业价值链中的个别关键优势的把控。而亚瑟·A. 汤姆森和斯迪克兰迪认为，核心竞争力将渗透到不同企业的不同部门，任何环节的缺失都会影响企业的竞争优势，人力资源、技术创新、品牌管理及企业文化是企业核心竞争力创建的关键要素，它们的协同整合方式形成了企业核心能力系统。

国内有关核心竞争力理论的研究起步较晚，20 世纪 90 年代中期，大部分国企尚未转型，中小型企业开始兴起，一些大型企业面临中小型企业的冲击失去了很多优势，于是部分研究人员希望国内大型企业重视内部的管理问题，核心竞争力理论作为应用型理论开始受到重视。国内的研究者大多是在借鉴欧美管理学理论的基础上，通过借鉴、模仿、创新等方式对已有的核心竞争力理论进行论述。金碚在《中国工业国际竞争力分析》一文中认为，核心竞争力是企业在长期发展中形成的并具有自身发展优势的核心理念，能够让企业得到长期的效益。此后，国内学者以王毅、陈劲、许庆瑞等人为代表，主要集中在资源、技术、体制与制度、管理创新、能力组合、价值观与文化等方面对核心竞争力进行论述，对国内不同企业的发展影响较大。此外，李悠诚等人的研究认为核心竞争力是一种无形资产，由企业技术、技术能力及知识三要素组成，这是从企业内部需求角度阐述了该理论组成，但缺乏宏观理解。丁开盛、周星等人的研究则将独特开发、技术及营销的能力归结为核心竞争力。许正良、王利政的研究认为核心竞争力是由企业文化力、企业学习力、企业创新力有机结合构成的企业竞争优势能量源。胡宜挺、李万明的研究则认为技术（T）、管理（M）、文化（C）是核心竞争力的构成要素，并建立 TMC 三角模型。周星、张文涛的研究认为核心竞争力的核心是核心技术能力，并需要企业的响应能力、企业的战略决策能力、企业核心的生产制造能力、企业核心的市场营销能力和企业的组织协调能力来辅佐，以获得企业的竞争优势。事实上，无论核心竞争力如何演变，它的组成要素基本没有发生大的变化。从要素论看，核心竞争力主要包括知识、技术、创新、能力等资源要素；而从企业成长论看，则主要包括经营、产品质量、服务、管理、技术创新、文化与价值观等。

2. 核心竞争力特征研究

核心竞争力中的“核心”一词，顾名思义即“最重要”。但事实上，这里的“核”具有双重性质，一方面代表独特与价值性，即核心竞争力是企业自身形成的，是难以模仿的能力，这种能力可以让企业长期保持活性；另一方面，“核”也作“合”，即企业中最根本性、延展性、动态性的那一部分能力的集合，任何企业失去它便陷入困境，只有不断地提高自身，保持这些能力的不断更新与变换才能够让企业长期处于竞争优势地位。从核心竞争力的概念上，我们可以厘清它主要的几个特征，即价值性、难以模仿性、延展性、动态性及根本性。

目前，关于核心竞争力基本特征的研究，国内外专家较为认可的特征主要有以下几个方面。①价值性。企业构建的核心竞争力必须能够为其提高产值效率，降低成本，创造持续的价值，也就是说核心竞争力的培育首先表现在它的使用价值上，失去了价值性便失去了理论的实际意义。②难以模仿性。企业核心竞争力的难以模仿性有利于保证企业竞争优势的长期有效，避免同类企业过度竞争，这种难以模仿的能力能为企业带来超过平均水平的利润。③认可性。核心竞争力必须为市场所认可，即能够提供进入相关潜在市场的机会。④动态性。核心竞争力是在长期竞争中逐渐发展起来的，作为一种集合性能力需要不断适应市场的需要，在企业不断变化过程中，逐步得到完善，时刻保持它的弹性与活性。

此后，随着核心竞争力的发展，其又产生了诸多新的特征，如稀缺性、延展性、不可替代性、长期培育性及根本性等，这些新特征进一步充实了核心竞争力的理论体系，并为核心竞争力的培育提供了理论和实践的依据。

（四）核心竞争力评价体系研究

在研究中发现，核心竞争力概念同时具有时效性、可持续性等特点。作为一个动态的理论，其组成要素也必然处于变化之中，这些元素该如何评判，它们的权重又该如何计算，如何能让评价体系赶上核心竞争力不断发展的脚步，这些都加大了研究的难度，将成为评价体系研究的关键。然而，令我们惊喜的是，职业篮球俱乐部的发展模式较为稳定，组成要素已基本趋于固定，这些都为接下来评价体系的研究提供了帮助。

在核心竞争力的概念及结构的基础上，探究不同企业内外发展情况，以众多企业为样本寻求影响企业发展的各项指标，并将这些关键性指标按照一定的方式和原则进行排列形成一个完整的指标体系集合，并赋予一定的权重值，这对于多数企业的发展具有重要的参考价值，换句话说，核心竞争力的评价体系对企业更有价值。纵观国内外的研究，我们发现在对企业竞争力、核心竞争力、战略优势等内容的评价中，基本都提到了技术创新、科技人才、产品质量、管理模式、销售与服务、企业文化等指标，当然有的专家也会将品牌、基础设施、监管能力、团队能力等指标融入进来。这些指标无疑是重要的，但是所谓的核心竞争力则是需要起到关键作用的那一部分集合，否则便失去了意义。从《世界竞争力年鉴》中发现，企业创新、经营形象、劳动报酬、生产劳动力成本、经理报酬、产品价格质量比、广告支出、公司规模、公司信誉、董事会的监管效力、高级管理人员、企业创造力、股东价值、产业纠纷、产业关系、员工的动力、全面质量管理、顾客导向、营销文化、企业家精神等 34 项指标均被列入影响企业发展的关键因素。

至今，在现有的研究领域中还未发现一种有效的方法来评定企业核心竞争力状况，这与企业的不断变化不无关系。然而，已有的科学评价方法中，以定量、定性及两者相结合的评价居多，在理论剖析的基础上用实践来评判，发挥理论指导实践、实践检验理论的相互作用。

1. 核心竞争力定性评价

在核心竞争力被提出后，关于它的评价也随即展开。当时它的提出者 C. K. 普拉哈拉德认为在核心竞争力的识别中更需要从概念的本质入手，剖析它的深层次内涵，识别其与其他理论的不同，也就是采取定性的评价方法。该方式因不能很好地表达核心竞争力而受到指责。于是研究者们在定性研究的基础上开始加入定量研究，即采用文字或图表以及部分定量的研究数据对核心竞争力进行说明，但是整个过程还是以定性研究为主基调。在国内，以林志扬为代表的专家学者们也较多采用定性评价法来研究企业核心竞争力，并收到较好的效果，如通过寻找成本最低、收益最大的经济活动和九宫图等来评价核心竞争力。定性评价法在评价中虽具有操作便利、逻辑清晰的特点，但不够直白及通俗易懂，说服力不如定量研究。

2. 核心竞争力半定量评价

进入 21 世纪，过分地依赖定性研究让更多有关核心竞争力的研究失去了公正性及科学性。长期缺少定量性的研究让主观性无限放大，过多的模糊疑点促使学者开始寻求以科学计量的方式来表述企业对于核心竞争力的构建与改造。梅耶、杜兰德等提出的半定量评价法在衡量企业核心竞争力上初见成效，他们利用问卷的方式对不同企业进行采样，构建一个预期的评价体系，然后采用主观打分制来对指标进行评价，最终计算一个企业的总分。此后，在相当长的时间里该方式一直受到重视，并成为半定量评价法的代表，后来被称为专家打分评价法。国内，于江等人在分析核心竞争力子能力间相互转移的关系的基础上，构建了关键能力到核心能力的框架，该框架即量化准则，最后用分数来衡量企业的核心竞争力水平。该时期，半定量评价法虽取得了一定的效果，但不足以实现大型企业内部核心竞争力评价。

3. 核心竞争力定量评价

随着现代企业的持续发展，数学、统计学及系统科学的不断繁荣，以自然科学为基础的计量方式开始逐渐深入企业的各个领域，并逐渐代替了以定性分析的概念性剖析方式。美国管理学家帕特尔率先引入定量研究。此后，以他为代表的诸多学者开始对指标进行量化，如进行赋值，进行函数、矩阵计算等。此外，在进行指标筛选的过程中，因子分析、回归等方法也得到了极大的运用，摒弃了原有的打分制度。在国内，通过定量方式建模的学者较多，如杜刚等一批国内学者提出采用因子分析等方式建立折线图模型、九宫格模型等来对企业现有的核心能力进行诊断分析。定量研究让企业在评价核心竞争力时有了科学的依据，更加符合时代性和先进性。

4. 核心竞争力综合评价

对企业的核心竞争力的研究逐渐呈现多方面性，需要多个参评单位进行评价，单一的定性、半定量到定量分析都不能完全覆盖大中型企业内部核心能力的评判，尤其是某些软实力因素依然需要管理层做出评价。于是，采取综合性的评价，即定性与定量混合的评价方式开始引起研究者注意。

海德森提出了半定量与定量相结合的综合方法。该方法采取分开的原则，即对有数据量化的指标运用定量研究，反之采用定性研究。如今，这种方法广泛应用于经济、产业、医疗、体育等各个领域。在国内，冯祈善、吴玉鸣等学者在层次分析法的基础上构建核心竞争力测度模型，将销售水平视为半定量指标，利用打分的方式进行评定。

近 30 年，从核心竞争力在企业或组织发展中的运用看，该理论已经发挥了重要作用。整个研究表明，关于核心竞争力评价体系从定性到定量再到综合评价，各种形式的评价方式不少，但是一直未有合理有效的评价体系进行评估，综合评价法作为较为实用的方式依然得到了现有专家的支持。

第二节　关于我国职业篮球俱乐部研究的若干问题

一、我国职业篮球俱乐部经营管理研究

20 世纪 90 年代，在市场经济体制与计划经济影响下，国内篮球开启了职业化征程。如今，各职业篮球俱乐部职能部门开始完善，比赛精彩程度不断提高，中国男子篮球职业联赛开始走向成熟，逐渐成为亚洲重要的体育赛事之一，这些都是职业化改革的成果。然而，国内的职业篮球俱乐部依然面临诸多困境，依然没有摆脱计划经济的束缚，无法实现自主经营，自负盈亏。赵晶、闫育东等人在分析职业篮球俱乐部组织模式中发现，1999—2006 年，俱乐部虽然摆脱了体工队建制，但依然存在大量的政府与企业合资的俱乐部，未来将会形成企业或个人独资性的俱乐部。周庆功的研究认为，我国职业篮球俱乐部的发展虽然有所改善，但在产权、责权、机构设置、转会制度、与篮球协会的关系以及梯

队建设方面依然存在诸多不足，随着联赛的发展，这些因素必然会成为制约职业篮球俱乐部发展的关键因素。

近些年，关于我国职业篮球俱乐部管理的研究快速升温，从俱乐部的组织结构、管理机构、权力分配等角度进行研究的学者络绎不绝，这和中国男子篮球职业联赛的蒸蒸日上与我国职业篮球俱乐部连年亏损的不协调自然分不开。张林等人的研究认为，中国男子篮球职业联赛俱乐部中政府与企业相互合作，产权不够清楚，部分俱乐部部门设置冗杂，虚职过多，管理层直接干预教练员的指挥，对球员、教练员的劳资关系和人事关系难以做到有效的监控和协调。从职业化的角度看，目前的职业篮球俱乐部虽然冠名职业，但事实上是加强版的专业队，经营管理仅仅排在战绩之后。曹勇的研究认为，职业篮球俱乐部需要不断完善现有的制度，尤其是球员管理制度，约束球员的行为，提高比赛的质量，加强市场开发能力。白喜林对中国男子篮球职业联赛各俱乐部运营情况的调查显示，超过半数的俱乐部未有实质性的经营活动，几乎所有俱乐部未达到自负盈亏的状态，经营上的弊端是关键问题。张培峰的研究认为，各职业篮球俱乐部在引进外籍球员上存在较多问题，具体表现为：外援的引入与管理问题、外援的训练与纪律问题、外援的劳资合同问题等。职业篮球俱乐部整体机构设置与市场大环境分不开。我国绝大多数职业篮球俱乐部都有多个股东（地方体育局也参与），俱乐部所肩负的社会责任要大于利益。

我国职业篮球俱乐部的盈利点包括版权、转播、赞助商、场内广告、球票、球衣广告及相关纪念品等，而电视转播依然低迷。孙庆海的研究发现，我国职业篮球赛事转播与联赛发展严重不匹配，难以实现互利共赢的局面。于振峰的研究认为，开发职业篮球联赛电视转播权是实现俱乐部扭亏为盈的重要途径，此外，在国内需要建立相关立法以保证转播权的合理合法。近年来，职业篮球俱乐部管理者们认为俱乐部的运营空间太小，仅剩下门票销售及场馆运营等少数权利。而在门票的销售方面，市场并不火爆，加上人情票、群众基础等因素，战绩差的俱乐部难以获得利润，只有几个战绩好、群众基础好的俱乐部收益理想，而场馆运营则更是俱乐部发展中的难题。为此，俱乐部呼吁得到更多的经营权。但事实上，下放部分经营权也难以使多数俱乐部扭亏为盈，毕竟电视转播权本应为俱乐部带来最大收益，而中国男子篮球职业联赛在此方面还是很难获益。此外，职业篮球俱乐部中外援及部分国内球员的工资过高，球员、教练员更换频繁，以及经营不善、上座率低等，都是俱乐部难以实现盈利的因素。

二、我国职业篮球俱乐部人才梯队培养研究

可持续发展战略是国家发展的重要策略之一，职业体育自然是其中的一项内容。篮球作为普及性较高的体育项目之一，它的可持续发展至关重要。在职业篮球发展日益迅速的今天，可持续发展是其发挥更大作用的重要方向。而职业篮球运动的可持续发展主要在于人才梯队的可持续性上。

在计划经济时期，我国职业篮球俱乐部后备人才的培养主要依赖竞技体校，即专业队的培养模式。该模式属于体校寄宿制，在“举国体制”下，各级体校不断往上输送优秀球员，使其参加职业比赛。该方式的优点在于训练资源充沛、训练方式科学，不足之处是球员缺乏对知识的汲取，一旦被淘汰，将面临难以就业的窘境。此后，为了更好地提升后备人才的产出，“体教结合”的培养方式开始引发热议，即依靠学校进行球员培养。该方式可以使球员在接受学校教育的同时接受日常训

练，但因缺乏优秀的教练资源以及训练设施，训练缺乏科学性、训练效果得不到保障，难以产生高质量球员。

近些年，我国职业篮球人才的培养开始呈现多元化、多渠道化特征，但是依然存在产出效率低的问题。张宁的研究提出交流、竞赛不紧密等问题。蔡美燕等人的研究认为，长期以来我国职业篮球后备人才的培养模式存在目标衔接不紧密、培养模式缺乏的现象。我国的篮球后备人才主要来源于各地区的竞技体校，其培养制度、训练设备、资金保障以及选材的科学性、教练员质量等成为影响我国职业篮球后备人才培养的主要因素。此外，高校球员很少能够踏入中国男子篮球职业联赛的赛场，这与美国男子职业篮球联赛的人才培养模式差异较大，美国优秀的篮球人才主要通过高中—大学—选秀模式进入职业联赛。然而，竞技体校的日益减少，势必会对职业篮球后备人才培养体系产生一定的影响，这就要求职业篮球俱乐部尽早考虑实施从我国高校培养人才的计划。

三、我国职业篮球俱乐部核心竞争力研究

表面上，我国职业篮球俱乐部与企业、公司并无太大差异，都是由企业法人承担相应责任、以买卖商品实现利益为主体。但实质上，中国男子篮球职业联赛各俱乐部基本上依附于大型企业、国家单位及私营企业的大量资金投入，俱乐部自身缺乏造血功能，无法实现自筹自支。国内职业篮球俱乐部的发展目标具有双重性：一是实现国家公共事业，为国家队培养人才，为大众体育提供服务；二是追求经济效益、荣誉地位，以及为俱乐部赞助商宣传品牌，扩大知名度。

既然职业篮球俱乐部最终目标是争取联赛的总冠军，实现荣誉和经济效益的最大化，那么提高俱乐部的核心竞争力，为观众奉献精彩的比

赛才是实现目标最大化的前提。目前，有关我国职业篮球俱乐部核心竞争力的研究文献不多见。笔者在总结前人研究成果以及中国男子篮球职业联赛俱乐部发展规律的基础上发现，运动员、教练员、俱乐部管理者、俱乐部赞助商及其他维持俱乐部生存的市场因素等都对职业篮球俱乐部产生了重要影响。这些元素并非静态的存在，而都处于不断的动态变化中，如有的运动员、教练员在球队的时间可能仅为短短的几个月，人力资源的频繁变动直接导致职业篮球俱乐部核心竞争力的改变，从而影响俱乐部的战绩和经济效益。

（一）职业篮球俱乐部核心竞争力相关概念研究

近 10 年来，研究职业篮球俱乐部发展、改革的相关文献层出不穷，但详细研究俱乐部核心竞争力的文献很少。赵广涛对职业俱乐部核心竞争力进行研究，认为核心竞争力是俱乐部获得社会、经济、竞技效益和持续竞争优势的独特整体性力量，他把俱乐部核心竞争力定义为各种元素的集合体，也就是说核心竞争力是构成元素“合力”特征的表现。相比于排球运动，篮球运动的发展前景更加广阔，联赛的发展更加职业化，更加接近于企业的管理体系，欧美一些国家的俱乐部已经上市，成为名副其实的企业。在结合企业核心竞争力概念研究的基础上，我们不难看到职业俱乐部核心竞争力实际上就是能够让俱乐部长期保持竞争优势，并且是其他俱乐部难以在短时间内复制的内容，这些内容既包括知识、技术、能力等隐性要素，也包括协调、整合等整体性能力。

（二）职业篮球俱乐部核心竞争力表现特征研究

在经济学中，商品是企业实现等价交换的载体，产品的质量自然是一个企业赖以生存和发展的核心，关乎企业的生死存亡。在职业篮球俱乐部发展中，篮球比赛好比商品，各俱乐部通过向观众提供精彩的比赛来博取观众的欣赏，从中获取利益。在联赛中，职业篮球俱乐部核心竞争力表现在诸多方面，如俱乐部的整体竞技水平、俱乐部的明星球员数量、俱乐部拥有的观众数量、俱乐部的经营拓展能力以及俱乐部的文化底蕴等。其中，竞技实力或战绩是职业篮球俱乐部核心竞争力重要的表现形式之一，它是俱乐部长期获得竞争力的保障。职业篮球俱乐部的核心竞争力同样离不开诸如管理层人员及教练员、球员、医疗人员、营养人员等球队人员，他们是核心竞争力的创造者，如斯卡利等人的研究认为，在同等条件下聘任高效能的职业经理人有助于俱乐部的改善与战绩的提高，而布朗、道伯森、戈达德及布里奇沃特的研究则认为，主教练的能力高低对于球队影响显著，主教练任期较长的职业运动队战绩相对较好。在职业篮球联赛中少数俱乐部被认为是“豪门”俱乐部，如洛杉矶湖人、广东宏远华南虎等俱乐部。所谓的“豪门”，也就是俱乐部具有较强的核心竞争力的直接体现，其已经赢得了众多观众的认可，表现出了一定的文化底蕴，形成了较为长远的竞争优势。事实上，核心竞争力的具体表现形式之间也存在着相互联系，很难单独发展，如球队文化底蕴可以吸引高质量人才的加盟，创造好的战绩；高效的管理层可以让俱乐部占领更大的市场，创造利润，更好地为俱乐部服务。换句话说，职业篮球俱乐部核心竞争力表现出的更是一个整体形式的存在，而不是某一部分的单独体现。

第三章

我国职业篮球俱乐部核心竞争力理论来源与架构

第一节　我国职业篮球俱乐部核心竞争力理论来源分析

为了进一步对我国职业篮球俱乐部核心竞争力理论进行研究，必须对我国职业篮球俱乐部核心竞争力的来源做一个完整清晰的解释。通常，一个理论的产生是在前人研究基础上对过往的理论进行归纳总结，结合对现有相关事物的状况分析得出来的。我国职业篮球俱乐部核心竞争力理论的产生主要来自以下几种途径。①相关理论借鉴。职业篮球俱乐部核心竞争力的提出主要得益于对诸如竞争优势、竞争力、企业核心竞争力等相关理论的借鉴与移植，在此基础上进行总结归纳。②美国男子职业篮球联赛俱乐部成功运作的经验。美国男子职业篮球联赛俱乐部作为世界较为成功的职业篮球俱乐部，具有一套较为成熟的运营体系。因此，分析其成功的原因对我国职业篮球俱乐部核心竞争力的形成具有重要的参考价值。③国内职业篮球俱乐部的发展状况。俱乐部从体工队转变而来，在体制、机制、竞赛机制、市场环境等方面存在着特殊性，核心竞争力的发展需要与国情相适应才能发挥更大的作用。以上三种方式成为我国职业篮球俱乐部核心竞争力形成的主要来源（图3-1）。

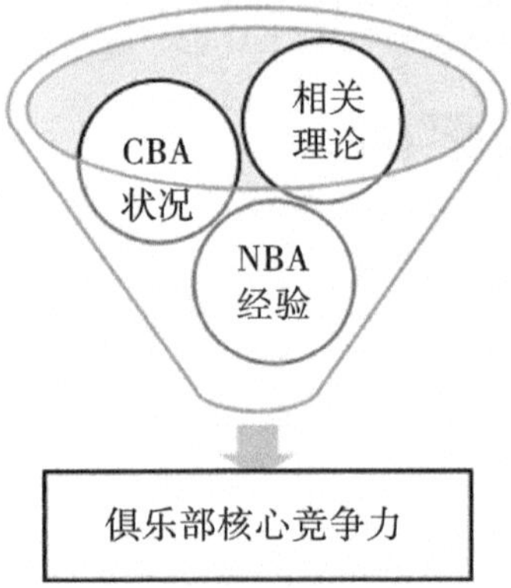

图 3-1　我国职业篮球俱乐部核心竞争力来源

一、企业核心竞争力中的启示

自 20 世纪 90 年代至今，核心竞争力理论历经几十年的发展，已成为该时期主要的企业战略理论之一。它强调的是企业要想取得长期的竞争优势就必须在经营管理、资源积累、文化等方面创造难以复制的个性化的东西，形成自己的核心竞争力。相对于企业而言，我国职业篮球俱乐部间的竞争更加激烈，尤其表现在对战绩的比拼上。由此可知，职业篮球俱乐部中如何保证优秀人才的引入与培养将成为俱乐部核心竞争力形成的一个关键要素。此外，职业篮球俱乐部间因利益引发的市场竞争随着联赛品牌的增值日趋明显，各俱乐部都开始注重对地区市场、观众、广告赞助商的占有，从而可能引发俱乐部在经营管理理念、模式、组织等方面实现结构的创新性变化，这种经营管理的创新也将成为各俱乐部形成长期竞争优势的重要动力。

以上是我国职业篮球俱乐部核心竞争力的最直接来源，其中竞争力理论为其提供核心要素的来源，让它的产生有了更加充分的依据；而企业核心竞争力理论则与俱乐部核心竞争力基本是相通的，毕竟职业篮球俱乐部从根本上属于企业，是一种特殊形式的企业。从之前企业核心竞争力的研究中不难看出，该理论秉承从底层到高层的动态思想，从基础要素到高端隐性要素逐渐筛选，寻找形成企业难以复制的东西。我国职业篮球俱乐部生存于相对较透明的联赛环境中，它的核心竞争力更加需要从高端的隐性要素中获得，最终转化成显性要素，表现出来。

二、美国男子职业篮球联赛联盟及俱乐部运营体系的启示

美国职业篮球的成功绝非偶然，而是得益于联盟精细的职业化运营模式及各俱乐部间的协同发展。

（一）美国男子职业篮球联赛联盟的运营模式

所谓运营模式是指对企业或组织围绕产品所展开的经营计划、组织、实施和控制等工作的总称。在职业篮球领域，美国男子职业篮球联赛联盟借助精细的运营模式实现了对竞赛产品的推广，从而实现了美国男子职业篮球联赛产业的集团化，其主要手段表现在以下方面。①健全的管理体系。美国男子职业篮球联赛联盟作为一个庞大企业，形成了集出资结构、权力设置、部门设施为一体的管理体系，这种健全的管理体系也保证了美国男子职业篮球联赛多年的稳定。首先，在美国男子职业篮球联赛管理体系中，俱乐部的老板既是联盟的管理者，同样也是执行者。俱乐部与联盟形成了相互平等的关系。其次，联盟成立了专门的管理部、资产公司及娱乐公司，以保证俱乐部全面、多方位发展，获取更多的社会效益。②明确的机构设置。美国男子职业篮球联赛在长期的发

展中已经形成了健全而又清晰的组织机构，包括行政管理、新闻广播、法律保障、运营等，各部门之间既相互独立又相互联系，共同服务于联赛（图 3-2）。③高效的营销手段。美国男子职业篮球联赛的成功除了源于建立了高效的管理体系，更加得益于其过人的营销手段。近些年，美国男子职业篮球联赛通过诸如赛事海外化、造星计划、转播权的开发、对公益的赞助、赛事中植入各国文化等方式不断提高其知名度与曝光率。④严格的制衡机制。美国男子职业篮球联赛联盟通过完善的制衡机制让俱乐部之间消除了敌对、独立的发展模式，从而形成了相互促进、共同发展的态势，这些制衡机制主要包括准入制（控制球队数量、

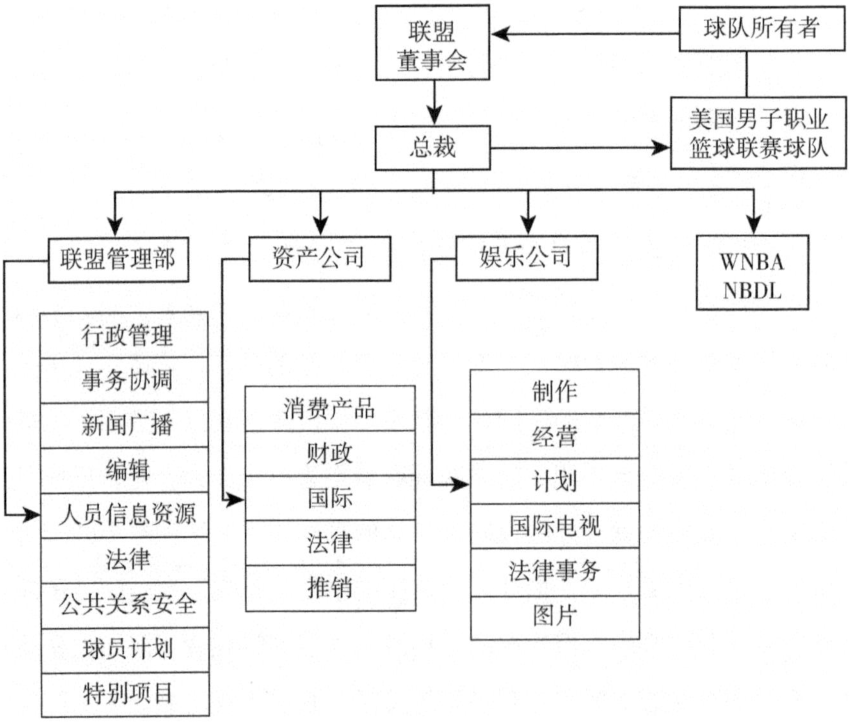

图 3-2　美国男子职业篮球联赛联盟组织结构及与俱乐部间的关系

限制俱乐部所在位置等）、转会制度（实行工资帽球员转会条款）、选秀制度（战绩差的优先原则）、球员工资制度（球员工资、奢侈税等）等制度。⑤深厚的人才储备。美国男子职业篮球联赛作为一个多文化熔炉，在人才的储备上，形成了以美国本土高校为依托，同时吸收其他国家优秀篮球运动员的模式。当然，诸如环境、经济等因素都对美国男子职业篮球联赛的发展起到了直接或间接的重要作用。由此可知，美国男子职业篮球联赛的成功是多种因素共同作用的结果。

（二）美国男子职业篮球联赛俱乐部的经营状况

美国男子职业篮球联赛俱乐部作为优秀职业篮球俱乐部，它的做大做强除依赖于良好的联赛体系外，俱乐部自身的发展也是重要因素。以2016—2017赛季洛杉矶湖人俱乐部及休斯敦火箭俱乐部为案例，分析这两家俱乐部的经营情况及其背后原因。

案例一：洛杉矶湖人俱乐部（以下简称“湖人俱乐部”）

湖人俱乐部位于洛杉矶市（美国第二大都市），2016—2017赛季湖人俱乐部战绩位居西部倒数第二位，总收入约2.9亿美元，其中主要收入来源包括电视转播销售收入约1.48亿美元，门票收入约5900万美元，联盟利益分成约4800万美元，其余诸如冠名、广告、球员球衣销售、表演、球员转会等收入约4500万美元；总支出约1.73亿美元，其中球员工资支出约8900万美元。俱乐部整体实现盈利约1.2亿美元，市值约27亿美元，较上赛季增长约3.8%，营收能力居联盟首位。

案例二：休斯敦火箭俱乐部（以下简称“火箭俱乐部”）

火箭俱乐部位于美国南部的休斯敦市，2016—2017赛季火箭俱乐部战绩排名西部第三，总收入约2.44亿美元，俱乐部总支出约1.73亿，俱乐部整体实现盈利约6300万美元，市值约15亿美元，较上赛季增长约10%。

由以上案例可知，两家俱乐部通过较好的经营都实现了盈利，尤其是湖人俱乐部虽然战绩处于劣势，但凭借优异的运营体系，盈利能力超过了火箭俱乐部，说明在美国男子职业篮球联赛中，俱乐部的盈利能力与其战绩并无必然的联系，战绩较差的俱乐部通过更好的营销手段依然能够实现较高的收入。

美国男子职业篮球联赛俱乐部发展的经验体现在如下几方面上。第一，经营战略的选择。俱乐部“广撒网”的营销方式，让盈利点更加多元化，如一些俱乐部通过国际化球员招募及与各国企业合作等手段，迅速提升其在全球的受关注度，火箭俱乐部姚明、周琦的加入和湖人俱乐部孙悦、易建联等球员的加盟就迅速引起中国市场对俱乐部的关注。第二，集中出售电视转播权。从湖人俱乐部盈利中不难看到，电视转播成为俱乐部盈利的首要来源，加大转播权的销售力度，实现与各体育媒体的对接成为重要途径。第三，公共关系及球迷的维护。长期与电视台、报纸、广播等媒体保持联系，对球迷物质、情感等方面加以照顾均更好地保证了俱乐部的上座率及品牌效益。第四，良好薪资比例的保持（球员工资不超过总收入的50%），有力地避免了较多奢侈税。第五，球队人才培养。任何俱乐部的成功都离不开人才的可持续化发展，美国浓厚的体育氛围为俱乐部的发展提供了优质的土壤，这使得湖人俱乐部与火箭俱乐部从中获益。以上经验都可供我国男子职业篮球俱乐部借鉴。

三、我国职业篮球俱乐部属性与经营中的启示

（一）我国职业篮球俱乐部属性

20世纪90年代，在国家号召发展职业体育的形势下，职业篮球俱

乐部应运而生。职业篮球俱乐部是职业篮球的基本组织形式，是以体育表演活动为经营内容，实现自主经营、自负盈亏的营利性机构。

相对于以完全私营为主的美国职业篮球俱乐部而言，我国职业篮球俱乐部带有鲜明的中国特色的属性。关于俱乐部属性（又称“体制、机制”），主要是俱乐部的投资成分与管理权的所属问题。目前，我国职业篮球俱乐部主要呈现民营型、国企型、民营与体育局联合型及国企与体育局联合型等几种类型。对中国男子篮球职业联赛俱乐部（2018—2019 赛季）的调查研究发现：在国内职业篮球俱乐部中，民营俱乐部 10 家，国企俱乐部 5 家，与政府联合俱乐部 4 家；从俱乐部企业法人看，以集团企业作为法人的居多，一些俱乐部也存在地方体育局充当企业法人的现象，仅少数俱乐部以自然人为法人。一些专业人士认为在体制、机制上的复杂性是我国职业篮球俱乐部难以实现有效经营、长期亏损的重要原因，长此以往将严重影响俱乐部乃至整个联赛的长远发展。

目前，俱乐部体制、机制的差异对于俱乐部发展，尤其是俱乐部核心竞争力的影响主要表现在以下几个方面：从企业的角度看，核心竞争力离不开企业资金的投入、管理层高效的运作及高质量产品等环节。在资金投入上，不同体制下的俱乐部差异明显。通过访谈得知，北京首钢俱乐部依靠大型国企，每年可获得约 8000 万元人民币的投资，俱乐部具有较大的运作空间，反观山东高速俱乐部、江苏龙肯帝亚俱乐部受到体育局的影响，相关企业每年对其的投入在 3000 万元人民币左右，俱乐部有效的运作空间有限。在俱乐部管理及球员输送上，相对于私营俱乐部，一些国企俱乐部存在部门设置不健全的问题，在球员的转会上也受到较大制约。目前，我国职业体育市场、地区经济、人才培养模式、观众体育热情等还不足以支撑各俱乐部的私营化。因此，明确我国职业篮球俱乐部的体制、机制对于俱乐部提高核心竞争力具有重要意义，尤其在发展核心竞争力时，需要结合自身体制，从实际出发才能取得良好效果。

（二）我国职业篮球俱乐部的经营状况

中国男子篮球职业联赛自 1995 年成立至今，联赛整体发展迅速，逐渐成为亚洲的重要赛事之一，但放眼整个中国男子篮球职业联赛，各俱乐部亏损的问题依然存在。

案例一：近些年，随着中国男子篮球职业联赛影响力的提高，赛事对观众的吸引力逐渐增强，2017—2018 赛季常规赛的上座数大幅度提高，较上赛季上涨了 10.5%；收视方面，CCTV 5 累计播出 73 场，较上赛季增加 22 场，累计收视人次达到 10 亿；2018—2019 赛季，CCTV 5 累计播出 76 场，直播单场最高收视率为 0.86%（CCTV 5 直播平均收视率为 0.48%）。种种迹象表明，中国男子篮球职业联赛正在进入一个高速发展的时期。

案例二：从中国男子篮球职业联赛各球队营收报告发现，广州龙狮俱乐部 2014—2016 年共计亏损 6145.44 万元人民币，浙江稠州金牛俱乐部 2015—2016 赛季净亏损 3000 多万元人民币。而 2018—2019 赛季，中国男子篮球职业联赛商业开发收入创新高，中国男子篮球职业联赛各队平均分红比上赛季提升 70%~80%，每支联赛球队的分红都超过 2000 万元人民币，但大部分俱乐部依然面临亏损。中国男子篮球职业联赛某俱乐部投资人坦言，俱乐部一年投入 8000 万元人民币左右，除去赞助、门票、个别时候体育局的补贴，每年要亏损 4000 万元人民币左右。而从已上市的广东宏远华南虎俱乐部的营收报告看，2018 年公司营业总收入达 9648 万元人民币，比去年同期增长 41.59%，归属于挂牌公司股东的净利润 813.61 万元人民币，比去年同期增长 133.80%，尽管实现了扭亏为盈，但高昂的人力成本，依然成为财政危机的潜在风险。

由以上案例可以看出，虽然国内职业篮球联赛的影响力逐年增加，但国内职业篮球俱乐部的发展不温不火，甚至依然难以逃脱亏损的命运。对职业篮球俱乐部的调查发现，多数俱乐部只重视战绩的提高，唯战绩论的思想长期存在，俱乐部的经营管理未受到重视，尤其是在一些国企俱乐部中，内部治理机制还不健全，俱乐部成了其宣传的工具。因此，中国男子篮球职业联赛俱乐部需要转变思想，只有形成其核心竞争力，才是解决俱乐部长期难以实现盈利问题的出路。

第二节　我国职业篮球俱乐部核心竞争力理论架构

通常，对一个理论的剖析需要遵循一种固有模式，这种模式也称为理论的架构。当然，这里的架构不同于结构，不仅要有外部结构，也要注重内部逻辑性与系统性。此前，关于理论架构并无明确的定义，从字面可理解为：人们根据自己对世界的认识，为解决某个问题主动地、有目的地去识别问题，并进行分解、合并的实践活动。以往的研究，诸如企业的架构、国家的架构、组织架构、音乐架构、色彩架构、软件架构等几乎都围绕该理论的概念、本质、特征、形成机理、发展状态等方面来架构，形成体系，并逐一进行排列，分析其内容。事实上，关于架构研究最为深刻的当属 20 世纪 70 年代，由马文·明斯基创立，并由高夫曼引入社会学中的“框架理论”。该理论历经多年发展成了定性研究的一种手段、一种理论范式，并广泛应用于新闻、语言、理论的架构中。

在本书中，“俱乐部+核心竞争力”所形成的理论研究涉及体育及管理学范畴，在对其架构时主要使用了选择策略（确定研究内容的范围，凸显关键属性）及重组策略（注重研究内容内部逻辑关系，进行系统组合），最终在访谈基础上得出我国职业篮球俱乐部核心竞争力理论架构（图 3-3）。

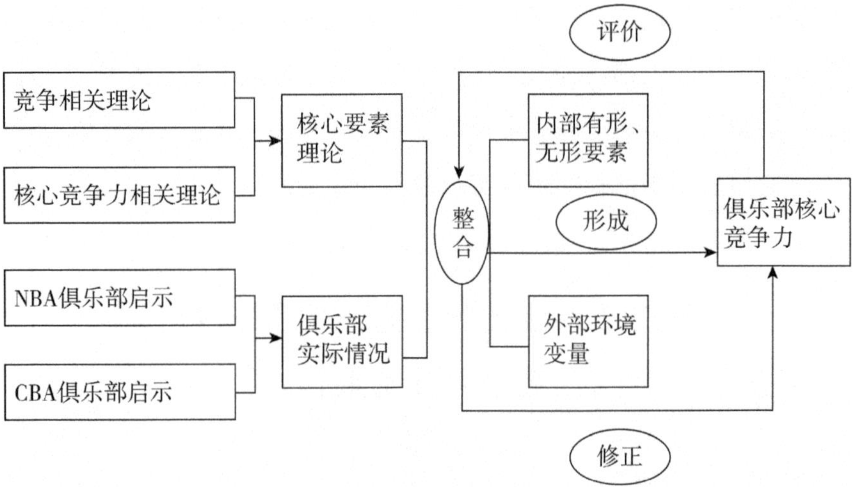

图 3-3　我国职业篮球俱乐部核心竞争力形成框架

第四章

职业篮球俱乐部核心竞争力的形成机制

第一节　我国职业篮球俱乐部核心竞争力的含义

一、我国职业篮球俱乐部核心竞争力的概念界定

从字面看，核心竞争力即竞争力中核心的部分，它是处于主导地位的竞争力。因此，无论从资源整合角度、战略管理角度还是竞争优势角度，对于俱乐部核心竞争力概念的界定都需要围绕“竞争”这一属性来阐述。从资源整合角度看，我国职业篮球俱乐部核心竞争力是将各种诸如知识、技术、创新等资源要素有序整合起来的整体性力量。该理论强调了隐性资源要素积累的重要性，但缺少显性要素的描述。从战略管理角度看，职业篮球俱乐部核心竞争力是一个动态过程的实现，即俱乐部战略从制定到实施，最终对俱乐部产生良好作用的过程。在这个动态的过程中，构成要素可能会发生不同程度的变化，如球员转会、管理人员离职等都会影响核心竞争力的效果，但俱乐部竞争战略在一定时期内

是不能轻易改变的。

职业篮球俱乐部是体育职业化进程中的产物，在具有一般企业属性的同时保持着自身的特点。在国内，一些职业篮球俱乐部具有国有企业和政府的背景，并不缺乏资金的支持，俱乐部的目标不仅是获取利润，更是考虑战绩的提高，好的战绩带来其他资源、服务及政策上的优惠。本书结合国内体育市场发展、国家政策以及俱乐部的自身状况，通过对相关专家的访谈，将我国职业篮球俱乐部核心竞争力的概念界定为：俱乐部独具的，通过有序地整合自身资源所形成的一种能够在竞赛或服务等方面长期取得领先地位的关键性集合力量或素质。作为一个集合性概念，它包含以下几层意思：

①职业篮球俱乐部核心竞争力的前提条件。职业篮球俱乐部核心竞争力是建立在俱乐部间相互竞争基础上的，它作为市场经济的产物离不开市场规律与政府的宏观调控。因此，职业篮球俱乐部核心竞争力的研究必须以此为前提来开展。

②职业篮球俱乐部核心竞争力的概念是“核”与“合”的辩证统一。核心竞争力强调的是一个“集合”，而不是单一的“核”；当然，若视集合为一个整体，那么它就是俱乐部核心的部分。因此，正确把握“核”与“合”的辩证统一，是理解职业篮球俱乐部核心竞争力概念的关键。

③职业篮球俱乐部核心竞争力要素的有序性。职业俱乐部核心竞争力虽然是由若干元素组成的“集合”，但并不代表它们都是杂乱无序、简单叠加的，它们需要经过特定的整合后才能发挥作用。

二、我国职业篮球俱乐部核心竞争力的本质属性

自核心竞争力理论诞生以来，研究者们不停地对核心竞争力的概念

进行解读，但一直未有统一的认识。事实上，这种认识并不是传统意义上的一无所知，而是由于理论的切入点不同引发的争议。因此，深入本质去探究我国职业篮球俱乐部核心竞争力效果更加明显。

（一）我国职业篮球俱乐部核心竞争力的复杂性

系统论强调系统的各要素之间是相互联系的，系统具有复杂性的特点，另外，系统论还认为系统是以开放性、动态性集合的形式存在的。我国职业篮球俱乐部核心竞争力作为一个系统性概念，必定继承了系统的复杂性。

职业篮球俱乐部处于动态的环境中，核心竞争力的构成要素也要随之发生变化，它所形成的核心竞争力必然具有动态性。

职业篮球俱乐部是一个开放系统，它需要与企业或其他俱乐部进行文化、知识、技术、能力等要素交换，从中得到有益于自身发展的物质来维持核心竞争力的持续发展。

职业篮球俱乐部的人力资源具有能动性，俱乐部员工既是核心竞争力的一部分，又是它的创造者。

职业篮球俱乐部核心竞争力是非线性的系统，它的各种子要素并不是单一或者无序排列的，也不是简单的因果关系，而是存在非线性的相互作用，既存在倍增效应，又存在饱和效应。

职业篮球俱乐部核心竞争力系统作为一个整体具有层次性，它的层次是由不同的结构等决定的，如知识层、技术层、能力层、有形资源层等。

由以上可知，职业篮球俱乐部核心竞争力是一个开放的复杂的概念，从根本上说它更是一个体系、一个系统。因此，在研究中要把握该理论体系的复杂性，由此来解决当前职业篮球俱乐部中要素间的矛盾、协同等问题。

（二）我国职业篮球俱乐部核心竞争力的难以替代性

我国职业篮球俱乐部自产生便拥有了具有价值性的资源，如知识、技术、能力、基础设施、人力、文化等，这些资源让其在联赛及市场中形成了一定的竞争力，获得了一些竞争优势，但这些优势是普遍存在的，又称为潜在优势。随着职业篮球俱乐部的发展，一些俱乐部在潜在优势的基础上，逐渐挖掘稀缺性资源，形成了较强的竞争力，获得了一段时间内的竞争效益。然而在信息互融的大环境下，这种稀缺性资源很快因被竞争对手成功地模仿和复制而降低了价值。由此可见，在潜在优势基础上只注重稀缺性资源还不足以让职业篮球俱乐部保持长期稳定的竞争力，只有形成难以替代性资源才能让其获得长期竞争优势。因此，难以替代性成了职业篮球俱乐部核心竞争力的本质属性之一。事实上，在联赛这种相对较为透明的环境下，职业篮球俱乐部想保持核心竞争力的难以替代性并非易事，通常核心要素都是建立在隐性资源上，如技术、知识、创新等方面，然而俱乐部与传统企业不同，这种难以替代性不光要渗透在隐性资源、显性资源等要素中，更加表现在俱乐部对各资源要素转化的效率及整合能力上。

三、我国职业篮球俱乐部核心竞争力的特征

近些年，我国职业篮球俱乐部虽然在改革中取得了一些成绩，但它的组织机构还不够健全，经营权限小，受外界干扰大，且出售的主要是无形产品，这些特点给俱乐部核心竞争力的探讨增加了挑战性。目前，国内关于职业篮球俱乐部核心竞争力的研究较少，少数学者关于其特征的研究也仅限于从一般企业核心竞争力特征入手。事实上，在俱乐部逐渐迈向企业化发展的道路上，企业核心竞争力所具有的一些诸如价值

性、延展性、动态性、持久性等特征也都应该在职业篮球俱乐部核心竞争力上予以体现，但其中某些特征因俱乐部与企业生存发展方式的不同而发生了一些变化，包括以下几个方面。

1. 战略性中的单一性特征

无论是企业还是俱乐部，核心竞争力都具有战略性特征，即规定俱乐部长期的发展方向。作为企业，尤其是涉足多行业的集团性企业，它的战略性可能是多样的，职业篮球联赛中的俱乐部却具有唯一性，战略性也仅仅是围绕提高球队实力获得收益。

2. 动态性中的瞬时性特征

职业篮球俱乐部的核心是球员，当球员产生流动性或者遭遇伤病，尤其是高质量球员的流动与伤病可能会瞬间提高或降低俱乐部竞技实力，进而影响俱乐部的核心竞争力；而企业的技术或者知识，短时间内难有较大变化。因此，职业篮球俱乐部核心竞争力的动态性更加明显、剧烈，更难保证持续、稳定的竞争优势。

3. 高度的协同性特征

如今多数生产实体产品的企业的生产模式都是流程性的，设定好工序，便可以不停地生产产品；而职业篮球俱乐部出售的是球员在各自教练员的指导下展开的彼此间相互对抗的表演，是多人不停相互配合的结果，相对于企业而言，俱乐部核心竞争力具有高度的协同性特征。

4. 相对难隐性特征

核心竞争力作为职业篮球俱乐部最核心的一部分内容，诸如技战术等本该是俱乐部绝对保密的内容，但容易暴露在赛场上，这对于俱乐部维持核心要素的长期性带来了较大的困难；而企业中的技术、创新等核心内容能够保持几年甚至是几十年之久，让企业有机会长期立于不败之地。

第二节 我国职业篮球俱乐部核心竞争力的结构要素

一、我国职业篮球俱乐部核心竞争力的要素来源

在传统核心竞争力的研究中，技术、能力、知识、资源等无形要素通常被作为核心竞争力的构成要素。但在实际运用中，无论是知识、创新还是其他无形要素最终都将以实体要素为着陆点，否则我们将无法衡量核心竞争力到底是不是发展了。如我们可以通过产品的功能多、外观好来说明某企业在原有基础上提高了技术或者创新能力，通过企业良好有序的环境来衡量某企业的内部治理等。我国职业篮球俱乐部的产品无论是竞赛表演、广告还是其他都是要直接面对大众群体的。因此，它的核心竞争力只有反映在实体要素中，才能让人感受到俱乐部是否具有较强的核心竞争力。

为了更加准确、科学地探求出我国职业篮球俱乐部核心竞争力的各构成要素，研究中主要采取了文献归纳、专家访谈以及问卷相结合的形式。

（一）俱乐部研究文献归纳

研究以“职业篮球俱乐部”为主要关键词，在中国知网检索文章共计 265 篇，并利用 CiteSpace 5.0 软件（一款可视化分析软件）统计关键词出现的频率，发现“俱乐部管理”“俱乐部经营”“后备人才”“组织模式”“俱乐部产权”“球员转会”等词出现频率较高（表 4-1），一般认为研究主题词出现次数越多，对俱乐部的影响越大。因此，这些

影响俱乐部竞争力的因素将成为提取核心竞争力构成要素的重要来源之一。

表 4-1 我国职业篮球俱乐部研究主题词

关键词	出现次数	关键词	出现次数	关键词	出现次数
俱乐部管理	42	股份制	16	公司化	5
俱乐部经营	40	形　象	16	俱乐部文化	5
后备人才	38	俱乐部制度	16	俱乐部法律	5
俱乐部市场	37	无形资产	15	俱乐部广告	5
组织模式	31	俱乐部性质	15	俱乐部员工	3
球员转会	30	俱乐部环境	15	俱乐部服务	3
俱乐部引援	26	俱乐部收益	15	资金配置	3
俱乐部产权	26	资本运营	12	风险机制	2
品牌价值	21	竞技实力	12	俱乐部法人	2
俱乐部治理	21	上座率	8	俱乐部医疗	2
外　援	21	内部价值	7	主场气氛	1
教练员	19	球　票	6	信息资源	1

（二）美国男子职业篮球联赛俱乐部发展模式

美国男子职业篮球联赛已经形成了较为稳定与成熟的发展模式，与之相对应的俱乐部也早已成为职业化的企业，它们的发展可以为我国职业篮球俱乐部核心竞争力的形成提供思路。通过查阅资料及浏览相关俱乐部网站发现，管理体系、运营、文化建设、人才培养等是其持续发展的关键，这为我国职业篮球俱乐部核心竞争力的培育提供了有力的借鉴。

（三）专家咨询

除对研究文献总结与借鉴外，对相关专家进行咨询也是一种途径，他们长期从事篮球领域的研究工作，对职业篮球俱乐部具有较深的认识，从访谈得知，诸如俱乐部管理层发展理念、内部治理、高质量本土球员的培养、科学的运营与管理等内容都将对俱乐部核心竞争力的发展产生重要影响。

（四）俱乐部管理层问卷调查

为更好地确定职业篮球俱乐部核心竞争力的构成要素，对北京、山东、佛山等省市的16家俱乐部管理层进行了问卷调查，发现各俱乐部的管理层在核心竞争力建设中都提到了俱乐部内部治理、竞技水平、经营、人才、文化等内容，这些为本书中核心竞争力构成要素的确定提供了依据。

二、我国职业篮球俱乐部核心竞争力要素的形成

核心竞争力的来源仅仅为核心竞争力的形成提供了一定的参考范围，而职业篮球俱乐部核心竞争力的形成是一个复杂的过程，不仅仅是由单一要素转化而来，而是多种对于企业发展起到关键作用的要素的集合，这些要素扮演的角色不同，表现出不同维度的能力，共同来维持企业获得持续高效的竞争优势。正如 C. K. 普拉哈拉德和 G. 哈默所说：企业或组织的发展是由自身所拥有的与众不同的资源要素或者核心要素决定的，需要围绕这些要素构建自己的能力体系，以实现自身的竞争优势。因此，职业篮球俱乐部要形成核心竞争力，必须厘清俱乐部的核心要素，并对其展开剖析，从而有助于体系的形成。

在本书中，俱乐部核心竞争力要素的形成主要建立在其概念及本质

特征之上，采取相关专家主观选择的方式，具体方法如下：对相关研究领域专家（40 人）及俱乐部管理层（16 人）进行访谈与问卷调查，根据统计结果得知，俱乐部的经营管理能力（100%）、综合竞技能力（100%）、人力资源管理（94.60%）、内部治理能力（79.25%）、文化与学习能力（58.90%）五项内容选择率位居前五位，且平均选择率超过了 50%（图 4-1）。最后，通过统计与整理他们的意见，选取平均选择率超过 50%的内容作为核心竞争力要素，形成了我国职业篮球俱乐部核心竞争力的构成要素（图 4-2）。

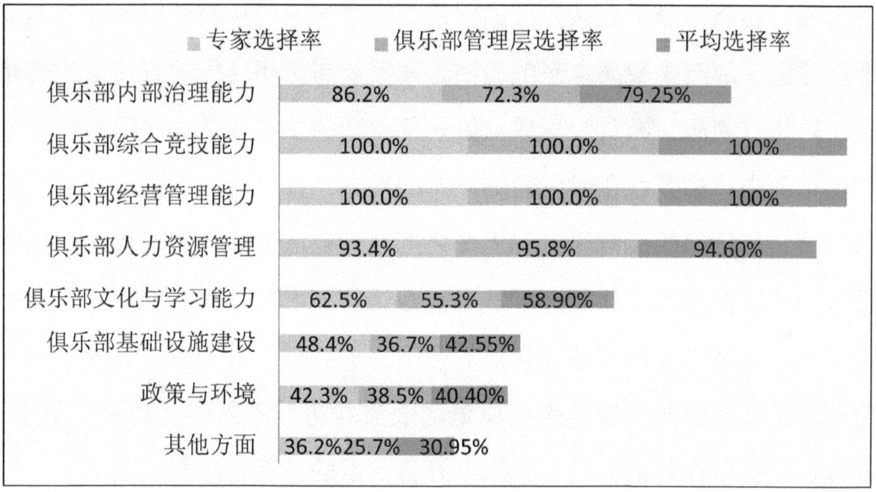

图 4-1 我国职业篮球俱乐部核心竞争力要素专家选择率示意（*n*=46）

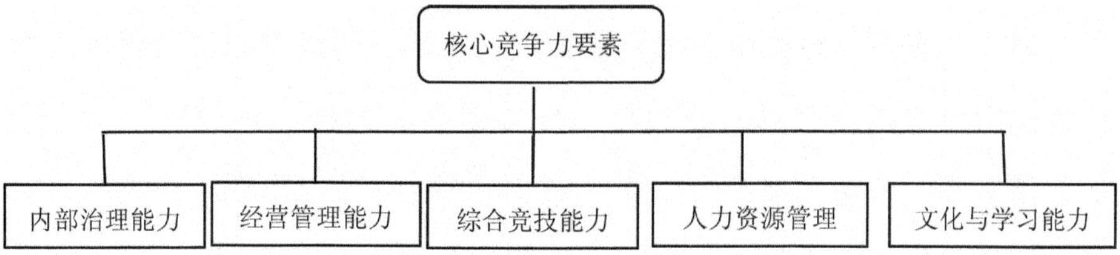

图 4-2 我国职业篮球俱乐部核心竞争力要素示意

从职业篮球俱乐部的生存角度看，人力资源是俱乐部核心竞争力的起源，一家俱乐部运营得好坏往往是由俱乐部的人力资源决定的，它离不开诸如管理层、球员、教练员、职工等人员的紧密协作。然而俱乐部的人员分工、权利分配、战略决策等内容都需要良好的治理能力，这里概括为内部治理能力。内部治理是职业篮球俱乐部的控制中心，也是高质量人力资源效率的检验阶段，是核心竞争力的保障。良好的内部治理环境，有助于职业篮球俱乐部的有序发展。综合竞技能力作为职业篮球俱乐部的核心部分，关系到俱乐部产品的质量。职业篮球俱乐部竞技能力越强，越能够吸引观众，增加俱乐部的曝光率，从而获得收益。当职业篮球俱乐部产生较高水平的表演，就需要与之相匹配的渠道来进行销售，转化成利润，经营管理成为俱乐部盈利的关键环节。在国内职业篮球俱乐部中，多数存在经营管理不畅的现象，核心竞争力被僵化的组织所束缚，俱乐部的经营与管理无法将产品转化成价值，实现俱乐部的利益最大化。俱乐部文化贯穿于整个核心竞争力内部，对其他要素具有促进作用，有利于俱乐部各要素形成合力。核心竞争力实际上是保证职业篮球俱乐部能够顺利地产生高质量的表演并将其不断转化成最大利益、获取最大竞争优势的力量，它离不开各要素的不断发展与更新。

三、职业篮球俱乐部内部治理能力

如今，职业篮球俱乐部的发展速度、规模、所遭受的市场竞争、所面临的风险等问题已是起初以体工队为班底的传统俱乐部所不能企及的。俱乐部的快速发展推动了职业篮球市场的繁荣，出现了管理层所有权与管理权的分离现象，“授权”的管理模式应运而生。职业篮球俱乐部股东们把本该由自己拥有的控制权授予了董事会，把日常管理权授予了俱乐部职业经理人，这种权力的相互转移引出俱乐部内部治理的问题。我国职业篮球俱乐部建立在双轨经济体制下，正处于两者转化的过渡期，俱乐部的内部治理能力成为影响俱乐部发展的首要问题。所谓俱乐部的内部治理能力是指俱乐部持有者、总经理等之间的权、责、利安排及通过相应的制衡机制来共同对俱乐部实施治理，以实现利益相关者在各方面获得利益的最大化。

内部治理能力是俱乐部发展的开始，也是俱乐部核心竞争力形成的前提。目前，我国职业篮球俱乐部内部治理主要存在产权不清、权责不明、组织结构复杂、管理模式落后等问题，这些问题严重地制约着俱乐部的公司化、企业化及职业化进程。因此，各俱乐部更快地解决这些矛盾，有利于为实现自身的核心竞争力扫清障碍，从而在竞争中获得长期的优势。

（一）职业篮球俱乐部产权

俱乐部产权是围绕俱乐部资金投入展开的权、责及利益间的相互关系。产权是为投入者提供权利使用并使其承担所有相应义务的保证，也是俱乐部执行各项任务的前提条件。在中国男子篮球职业联赛俱乐部发展早期，体工队建制遗留下的属性问题没有得到彻底解决，多种投资方的利益取向不同，他们都在从不同的角度行使自己的权利，干预着俱乐部的正常运转，尤其是政府与民营企业合资的俱乐部，权利的分配更加模糊，虽然企业投入占据主导地位，却不能保证获得充分的权利。通过问卷调查以及浏览相关网站发现，2013—2019 这几个赛季，我国职业篮球俱乐部的出资结构依然为私企、国企、国企与政府合资、私企与政府合资这几种形式，但私营俱乐部数量开始明显增加。这一方面有利于缓解俱乐部遇到战绩低迷或财务危机时，双方相互推诿的局面，另一方面也可以减少产权模糊引发的俱乐部目标不明确等问题。如今，职业篮球俱乐部中关于产权的矛盾有所缓解，绝大多数俱乐部都实现了产权的清晰界定，而关于产权的问题逐渐演变成了中国男子篮球职业联赛的产权到底是国有还是私有及背后多种利益交织的问题，或者说以私营俱乐部为主体组成的联赛到底由谁来经营的问题。

（二）职业篮球俱乐部责权

俱乐部责权问题一直是我国职业篮球领域讨论的热点。简单地说，责权就是职业篮球俱乐部的责任与权利，或者说是俱乐部利益相关者的责任与权利。通常，在企业中谁出资，谁就是利益相关者，出资越多，责权也就越大。但在我国职业篮球俱乐部中利益相关者的权利与责任并不是相互匹配的。篮球协会、俱乐部持有者以及政府构成了利益相关者主体，篮球协会作为各俱乐部权利的委托者，本该是与俱乐部平行相互合作的组织，但因带有政府的行政色彩，与俱乐部形成了管理与被管理的关系，通过垄断商务开发权等方式对俱乐部产生控制权，俱乐部仅拥有少数的权利，当俱乐部自身利益与社会利益发生冲突时，俱乐部只能选择让步。一些职业篮球俱乐部存在地方体育局直接或间接入股的现象，进而对俱乐部的责权分配产生影响。另外，职业篮球俱乐部的球员几乎都是通过体育局相关单位培养而来，这也变相地给了地方行政部门影响俱乐部的权利。当然，俱乐部的部分管理层还来自投资集团内部，他们不但任职于俱乐部，还在集团担任职务，身份的多样化加剧了俱乐部责权的模糊性，对俱乐部的战略性决策产生较大的影响。

如果说职业篮球俱乐部老板作为俱乐部主要投资人，承担的责任要比获得的权利多，那么对俱乐部的长期发展肯定是不利的。从 2018—2019 赛季中国男子篮球职业联赛俱乐部盈收报告上看到，20 家俱乐部中，仅有5家实现了盈利，而像北京首钢、上海哔哩哔哩这样的具有良好区位优势的俱乐部也亏损千万元以上。因此，缺乏权利让职业篮球俱乐部只能通过战绩来获得隐性利益，多数企业每年通过投资赞助企业或许更是一种宣传手段。

综上，责权明确对于职业篮球俱乐部实施科学的管理，形成俱乐部的核心竞争力意义重大。为此，需要从以下几个方面入手：

①建立职业化的私营联盟。职业联盟应该是私有化组织，由各俱乐部集体推举雇佣形成，是为俱乐部创造利益价值的组织。我国职业篮球俱乐部应积极呼吁，以加快“管办分离”政策的彻底实施。

②增加球员渠道，处理好与当地政府的关系，与职业篮球俱乐部所在体育部门形成良好合作关系的同时不断增加俱乐部培养球员的渠道。

③完善职业篮球俱乐部公司的法人治理结构，形成规范化的制衡机制、组织管理及权利责任体系。

（三）职业篮球俱乐部组织结构

职业篮球俱乐部组织结构是俱乐部内部治理的一种表现形式，是对俱乐部机构设置、职责权限、组织机构的安排及工作任务如何进行分工、分组和协调合作的一种模式。美国管理学家孟尼和雷列认为组织结构是共同目标的组合形式，任何企业取得的成功都离不开良好的组织结构，它是企业运转的前提条件。我国职业篮球俱乐部核心竞争力的形成与发展同样离不开良好的俱乐部组织结构，没有完善的组织结构，再好的决策也将无法执行，整个俱乐部将处于混乱状态，毫无竞争力可言。通常，俱乐部组织结构主要包括权职系统、组织形态类型、部门设计等内容。

为具体了解我国职业篮球俱乐部组织结构状况，笔者在访谈中国男子篮球职业联赛俱乐部管理层的同时，还检索了湖人俱乐部、火箭俱乐部等俱乐部的相关网站，以了解它们的组织结构（表 4-2）。

表 4-2　国内外职业篮球俱乐部组织结构比较

项目	国内职业篮球俱乐部	国外职业篮球俱乐部
职权链	4~5 个层级，职权链包括董事长、总经理、副总经理、部门经理、工作人员、领队、教练员及球员	3~4 个层级，职权链包括董事会、总经理或事业部主管、部门经理、执行人员
组织结构类型	结构极其简单，以直线式组织模式为主	事业部式组织结构或扁平式组织结构
部门设置	通常由竞赛部、财务部、市场部等部门组成，特征不明显	通常由体育、经济和行政三类部门组成

1. 职权系统设置

职权系统泛指俱乐部中掌握职权的一类人，包括董事长、总经理及各个部门负责人。我国职业篮球俱乐部职权一般包含 4~5 个层级，而国外职业篮球俱乐部一般为 3~4 个层级，其优点在于简化了管理层的副职，让俱乐部的目标能够准确地传达到具体部门，降低了烦琐性。

2. 组织结构基本形态

在市场中，企业持续化改革促使组织结构不断成熟，类型繁多，如直线制、职能制、直线—职能制、事业部制等多种形式。据调查，我国职业篮球俱乐部主要采用两种组织结构类型：一种是直线式（占 60% 左右），包括青岛国信双星、南京同曦大圣、四川金强蓝鲸、吉林九台农商银行东北虎等俱乐部，总经理直接领导，各部门实行垂直管理，权力高度集中，责任分明，命令统一，这种组织结构一般存在于企业初创阶段或者很小的家族式企业，而在高速运转的企业中已逐渐被淘汰。中国男子篮球职业联赛俱乐部正处于发展的初期，采用该组织形式也是在所难免；另一种是扁平式（40%左右），俱乐部通过减少行政管理层次，裁减冗余人员，从而建立一种紧凑、干练的组织结构，如北京首钢、广东东莞大益、新疆广汇飞虎等俱乐部，该组织结构形式改变了原来层级组织结构中的俱乐部上下级组织和领导者之间的纵向联系，平衡了各部门之间的横向联系方式及组织与外部各方面的联系。

3. 部门设置与分工

调查研究发现，在部门设置与分工上，我国职业篮球俱乐部一般包括综合办公室、竞训部、市场推广部、球队事务部、赛事运营部、财务部等部门，部门结构较为清晰，分工也相对明确；而美国男子职业篮球联赛俱乐部通常设置体育、经济、行政三类部门，然后在此基础上下设各部门。这种组织分工，让俱乐部更接近于企业的配置，更加职业化。

综上所述，我国职业篮球俱乐部组织结构的简单化暗示了联赛与俱乐部尚处于发展阶段。目前，以母公司为依托，有利于俱乐部法律、商业、管理、公关、市场开发的运转，对俱乐部短期发展有益。但随着中国男子篮球职业联赛持续壮大，俱乐部扁平化的组织形态将是发展的必然。

（四）职业篮球俱乐部治理机制

俱乐部作为特殊的企业，除要具有清晰的产权、责权、先进经营理念、科学管理等内容外，还需要形成与之相匹配的治理机制。这里的治理机制主要指内部治理的保障性机制，具体包括：①决策与制衡机制。对俱乐部管理层的决策、权利运用、管理者与员工的关系等进行合理的激励与约束。②监督机制。多数职业篮球俱乐部设立了监事会，负责俱乐部监管事务，包括俱乐部财务、章程、人员考核、工资制度等规范程度。③激励机制。激励是俱乐部员工效率高倍产出的诱因，它的形式主要以合理的绩效予以体现。事实上，在职业篮球俱乐部的发展中，决策与制衡机制、监督机制及激励机制是相互协调的，共同服务于俱乐部治理。

四、职业篮球俱乐部经营管理

职业篮球俱乐部经营管理是将核心产品转化为最大收益的直接途径，是俱乐部核心竞争力的要素之一。目前，我国职业篮球俱乐部正处于市场化改革的关键期，俱乐部在经营管理方面存在诸如市场主体地位不明确、经营管理团队少、经营源单一、联赛及俱乐部自身商务开发权不足等问题。因此，各俱乐部要在激烈的竞争中得到长远发展，形成核心竞争力，必须把经营管理摆在正确的位置上，确立发展目标，拓展市场，挖掘、强化经营资源，提高服务质量。

（一）我国职业篮球俱乐部经营管理的发展逻辑

我国职业篮球俱乐部是以出售高质量的体育比赛、开发竞赛产品为主的营利性组织，市场需求是俱乐部经营的导向，只有确定以它为中心才可以取得良好的经济效益。我国职业篮球俱乐部是从计划经济时期的体工队转变过来的，此前较少涉及经营活动。经过多年的发展，俱乐部受“唯战绩论”思想的束缚，并没有按照职业化的标准建立自身经营机制，与市场脱节严重。对青岛、天津等地的五家职业篮球俱乐部进行调查发现，俱乐部虽有市场开发部，但几乎很少开展实质性的经营活动，而近年来，诸如山西、山东等地有多家俱乐部都因经营管理不善而收支失衡，最终易主。

如今，由于我国职业篮球联赛发展势头迅猛，职业篮球市场开始升温，但职业篮球俱乐部的经营效益却始终未得到较好的保证，其原因一方面可能是职业篮球的发展未融入国家体制及市场经济的发展范畴；另一方面则是缺少有效的经营管理体系来实现与资本市场通路的有效对接。职业篮球的本质在于专业化水平及分工精细的运营结构。我国职业篮球的专业化和分工的细化程度不高，无论是联赛还是俱乐部都难以将国内篮球推到完全职业化的轨迹上。从目前发展来看，缺乏完善的联赛与俱乐部商业运作体系成了首要问题，换言之，更多的是私人出资组成的联赛总体收益如何与俱乐部的收益相匹配的问题。另外，人力资本交易难也使得职业篮球市场难以有效运转起来，俱乐部如何从交易市场中获得利益？不够清晰的商业与盈利模式让俱乐部在面对市场时显得无所适从，何种模式才能更好地让俱乐部占领所在地区的市场？认清这些问题，有助于职业篮球俱乐部厘清经营管理的发展逻辑，而这些问题的解决将是俱乐部职业化经营的大跨步。

（二）我国职业篮球俱乐部经营管理中的战略选择

职业篮球俱乐部的经营不仅体现在要为观众提供精彩的表演上，还体现在俱乐部的管理上，这就要求俱乐部要从自身、市场、受众人群入手，形成精准的战略定位。职业篮球是竞技体育中的商业化活动，要比其他项目更为复杂。目前，中国男子篮球职业联赛中多数俱乐部在经营管理模式上分化明显，有的俱乐部倾向于开发地方电视转播权，有的俱乐部则倾向于球票销售。对职业篮球俱乐部管理层进行访谈发现，不同俱乐部在经营选择上并不相同，相对于政府与国企控制下的俱乐部，私营俱乐部更加注重结合所在辖区的经济、人口数量、消费、观众喜好等来促进球票销售、广告运营等市场开发活动。

（三）我国职业篮球俱乐部经营管理的内容要素

经营管理是对俱乐部的产品和服务进行设计、运行、评价及改进的工作，解决的是俱乐部定位、商业模式及发展策略问题，如地区市场定位、核心资源拓展、俱乐部目标与价值及围绕目标开展的所有管理问题等。通过访谈发现，我国男子篮球职业联赛俱乐部经营管理涉及的内容有以下几方面。

1. 时间内的比赛经营与管理

观众作为消费者都期待能够欣赏到一场精彩的比赛。职业篮球俱乐部是比赛的制造者，如何保证一场比赛能够很好地达到观众的期望值是其经营管理好坏的最直接体现，通常表现在比赛的精彩程度、比赛的开场设计、比赛中的气氛、赛间的互动等方面。

2. 职业篮球俱乐部围绕比赛展开的经营活动

职业篮球俱乐部的生存离不开商业活动，通过良好的经营管理来增加收入，同时减少支出，实现收支平衡，这是俱乐部的生存之道。目前，职业篮球俱乐部主要的经营活动包括以下几方面。①商务开发权（篮球协会分成）。商务开发权主要是除球票以外的包括电视转播、赞助、特许经营、品牌推广几个部分，其中版权分销是利益获得的主要来源，利润源为央视、搜狐、乐视等平台；商业赞助是紧随其后的利润源，从联赛的冠名到广告板、饮料广告等都是经营的内容；特许商品经营，主要是以中国男子篮球职业联赛品牌为主的纪念性物品，如衣服、挂件、邮票、纪念册等。②球票经营。关于职业篮球俱乐部球票的销售，不同地区俱乐部经营方式各异，如山东地区的捆绑式销售、北京地区的自行售票等，收益也不同，多则上千万元，少则几百万元。③赞助广告。职业篮球俱乐部赞助基本上来自母公司的冠名费用，而广告费则是多家企业借助俱乐部进行宣传而给予的广告费用，它们是俱乐部最重要的收入来源之一。④其他产品的经营。除去上述主要经营的内容外，职业篮球俱乐部还有狭小的经营范围，如球衣、纪念品、场馆运营、培训、球队表演等（表4-3）。

表4-3 我国职业篮球俱乐部商业活动类型

种类	形式
赞助	球队冠名权及赞助商
广告	比赛服背后、门票背面、俱乐部秩序册、俱乐部网站、横幅广告等
球票经营	捆绑外包或自行销售等
其他	纪念品、配件等
场内推广	赛场推广、主持人、宣告员、DJ、啦啦队、吉祥物、球迷团队等

3. 我国职业篮球俱乐部的支出

资金的支出主要包括球员、教练员、其他员工的薪水及商务活动、训练竞赛活动、场地与基础设施等方面的费用。通过调查发现，中国男子篮球职业联赛俱乐部的亏损与俱乐部长期存在的球员工资触发警戒线有重要关系，尤其是在亏损的俱乐部中，外援工资在球员工资和总收入中均占较大比例，某些俱乐部外援工资几乎超过了国内球员工资之和（赛季末球队更换外援产生的工资流动，不算频繁地更换外援所产生的附带费用）。而对战绩的过度追求催生了国内球员过分溢价现象，同时也让部分外援在俱乐部球员的竞争中获得了更大的物质报酬。由于球员的过分溢价与外援的频繁更换引发了职业篮球俱乐部支出的暴涨，在收入有限的情况下，多数俱乐部出现了亏损。

（四）我国职业篮球俱乐部经营管理中的制度规范

如今，随着联赛品牌影响力的扩大，一些位于发达城市的职业篮球俱乐部开始注重经营，如北京首钢俱乐部更换主场，提高上座率；青岛国信海天雄鹰俱乐部主场外迁，提高知名度等。然而，大部分职业篮球俱乐部依然存在重战绩、轻经营的观念，注重隐性利益，缺乏市场意识，导致诸多俱乐部未能将俱乐部摆正在职业化的位置上，更忽略了将俱乐部作为一个实体来经营。而随着联赛的发展，私营化的职业篮球俱乐部逐渐增加，越来越多的私营俱乐部将瓜分原有的市场，若无良好的经营机制，随着球员工资的水涨船高，势必让一些俱乐部陷入困境。

俱乐部良好的经营管理机制离不开相应的管理制度。经营管理制度是对俱乐部资产的形成、积累、评估、管理、使用和创新整个过程的控制和管理。中国男子篮球职业联赛俱乐部缺乏管理经验及先进管理技术与制度，诸如技术开发制度、市场营销制度、财务制度、员工业绩制度、资产出入考核制度、评估制度、激励制度等，还都处于完善阶段。

（五）我国职业篮球俱乐部的经营管理职能

为发展我国职业篮球俱乐部，在明确经营管理的具体内容、任务等之后，还需要了解其职能，只有这样才能对其形成全面的认识。它的职能主要包括以下几个内容。

1. 战略职能

我国职业篮球俱乐部发展所面临的环境随着足球、网球、乒乓球等项目的发展日渐严峻，观众需求的分层更加明显。作为俱乐部要想不断地发展，需要持续的自我更新、调整，针对经营环境制定相应的战略目标、方针、政策，选择战略重点。

2. 决策职能

决策是职业篮球俱乐部经营管理的中心环节，是俱乐部管理层通过对各种环境的判断做出的选择。因此，俱乐部经营的成败及利益的获取都依赖于管理层的决策。

3. 开发职能

职业篮球俱乐部经营管理的开发职能不仅体现在对人才的开发上，更重要的是对竞赛表演、观众市场、营销技术等内容的开发。

4. 财务职能

财务职能包括资金的筹措、运用与增值，从本质上体现了经营管理的主要环节。职业篮球俱乐部经营管理的战略职能、决策职能、开发职能都将以财务职能为基础，并通过财务职能做出最终的评价。

5. 公共关系职能

职业篮球俱乐部的生存离不开与外界环境的交往，经营管理需要与外界产生密切的联系，如与政府、观众、其他企业之间的联系等。

五、职业篮球俱乐部综合竞技能力

关于职业篮球俱乐部综合竞技水平的研究，国内诸多学者的研究多集中于球员、教练员的能力上，认为球队战绩主要依靠这两者实力的发挥，而欧美研究者却延伸到了球队氛围、球员性格、俱乐部领导能力等方面。通过访谈俱乐部球员与教练员发现，职业篮球俱乐部综合竞技水平受到多种因素制约，包括球队结构组成、球队磨合程度、技战术运用能力、训练水平等。此外，大数据信息的介入，让俱乐部具备大范围信息搜集的能力，科研能力的比拼也成为决定俱乐部综合竞技水平的重要依据。为此，接下来着重从以下方面进行研究。

（一）球员竞技能力

在单一项目中，运动员个人的竞技能力代表着其综合竞技水平。然而对于篮球项目，球员个体的能力虽然不是完全因素，但也是重要因素。这里的球员能力不再局限于微观的体、技、战、心、智等方面，还包括球员所胜任的位置能力（不同位置球员的效率）。在比赛中，球员除要出色完成自己位置的任务，同时还需要具有客串其他位置的能力，如控球后卫和得分后卫间的转换、大前锋与中锋位置的转换等。另外，球员的能力还表现在球队中核心球员与替补球员间竞技能力的均衡度上。球队要取得最终比赛的胜利自然离不开核心球员竞技能力的发挥，但替补球员能力的发挥同样重要，这就是我们常说的“阵容厚度”。此外，超级明星的发挥，尤其是在比赛落后、胶着等关键时刻的竞技能力的表现对稳定球员情绪，缓解比赛压力，获取比赛胜利至关重要。在中国男子篮球职业联赛俱乐部中，外援的能力要高于本土球员，是各俱乐部绝对的明星球员，而俱乐部中高质量的本土球员较少。从中国男子篮球职业联赛 2018—2019 赛季球员的场均得分、篮板、助攻指标数据可知，位于前 20 名的本土球员仅有王哲林、韩德君、郭艾伦 3 人。因此，提高本土球员的能力才是未来提高我国职业篮球俱乐部综合竞技水平的关键因素。

（二）球队集体能力

球队集体能力又称为集体效能，是指团队或群体对每一个体的吸引力，以及个体对团队或群体的向心力。相对于一般团队或群体而言，中国男子篮球职业联赛的球队集体效能是为了取得优异的战绩，而想要保持在群体内的合力，需要相对较长的时间。影响球队集体效能的因素很多，主要包括球员和教练员的变动、球队战绩、球员工资及管理层变革等因素，通常因球员流动引起球队集体效能改变的情况居多。大量研究表明，球队中运动员流动性与球队集体效能存在直接的线性关系，如多纳利的研究发现，球队中运动员流动性大，球队缺乏稳定性，不仅集体效能低，而且球队获得成功的概率低；反之，球队的集体效能高，球队赢球的概率大。迪克斯的研究认为，团队成员间长期稳定性和信任度会增进个体与他人的主动协作行为，进而提高团队集体效能，该研究进一步阐述了球员流动对球队的重要影响。沃特森对篮球队的研究证实，球队的集体效能对优异比赛成绩的取得具有良好的预测作用。而埃里克的研究在认定迪克斯结论的基础上，证明球队的集体效能也可以增强球队中成员间的信任。在国内的研究中，侯会生等人的研究表明球队的集体效能水平与球队比赛成绩具有高相关性，球队中球员的集体效能水平越高，球队的成绩就越好，此外，球员的集体效能存在明显的位置特点。

事实上，在宏观上我们难以对集体效能进行定量研究，而从侧面却很容易看出球队的集体效能的好坏。以 2018—2019 赛季外援转入新球队后的球队为例，（10 名外援的单赛季出手次数均超过了 20 次，占球队整体出手次数的 1/3），该球队战绩与外援出手次数、命中率、助攻效率的相关系数分别是-0.562、0.584、0.452，说明一定程度上外援出手次数越多，球队战绩越差，相反助攻效率越好，球队战绩越好，体现了团队篮球对战绩的重要性（表 4-4）。此外，近几年在中国男子篮球职业联赛中，出现了不少大牌外援短暂加盟的现象，其原因主要是他们不能融入球队、不服从管理。由于中西文化的差异和外援本来就桀骜不驯的性格，在比赛中，他们占据大量球权，随意盲目地出手，不服从教练员的安排，与球队始终难以形成化学反应，如史密斯、马丁、韦斯特等球员。当然，也有马布里、迪奥古等外援，他们的到来给俱乐部带来战绩上的提高，球队集体效能相对较好。

表 4-4 中国男子篮球职业联赛 2018—2019 赛季外援转会后出手次数、命中率及助攻与新球队战绩相关性（$n=10$）

相关性		出手次数	命中率	助攻
球队战绩	皮尔森相关系数	-0.562	0.584	0.452
	显著性（双侧）	0.041	0.120	0.004
	数量	10	10	10

（三）职业篮球俱乐部的人员结构及竞技能力变化

职业篮球俱乐部人员结构合理性在某种意义上是球队竞技能力的重要评价指标，这里的人员结构不单是俱乐部的人数组成，更重要的是围绕球队发展的人员变化。问卷调查发现（表 4-5），在人员配置上，我国职业篮球俱乐部通常会设置主教练、助理教练、领队、体能教练、科研教练、队医各一名，球员为 12～19 名不等。中国男子篮球职业联赛俱乐部虽然存在教练团队不完整、科研教练匮乏等问题。但我们也欣喜地看到，一些俱乐部正在做出改变，训练水平不断提高，如新疆广汇飞虎、北京首钢、广东宏远华南虎、辽宁沈阳三生飞豹等俱乐部。

表 4-5 2018—2019 赛季中国男子篮球职业联赛部分俱乐部人员分布

俱乐部	球队配置结构
新疆广汇飞虎俱乐部	领队 1 名；主教练 1 名；助教 2 名；体能教练 1 名；科研教练 1 名；队医 2 名；翻译 1 名；球员 14 名
广东宏远华南虎俱乐部	领队 1 名；主教练 1 名；助教 3 名；体能教练 1 名；队医 1 名；翻译 1 名；球员 15 名
上海哔哩哔哩篮球队	领队 1 名；主教练 1 名；助教 3 名；体能教练 1 名；科研教练 1 名；队医 1 名；翻译 1 名；球员 19 名

职业篮球俱乐部的人员结构是提升竞技能力的重要保障，俱乐部要不断保持旺盛的竞争力，需要定期对俱乐部人员尤其是球员做出调整，

而科学的更换方式则显得格外重要。

1. 不同球员竞技能力发展阶段的比例

一家职业篮球俱乐部的球员结构，通常是由不同年龄阶段的球员按照一定比例组成的，不同的年龄阶段意味着球员竞技能力发展的阶段不同。在漫长的赛季，俱乐部吸收不同年龄阶段的球员有利于保持俱乐部人员结构的合理性。一般来说，球员的结构存在以下几种情况。①整体球员年龄偏大型。该人员结构中球员的赛场经验较丰富，有利于较好地贯彻教练员的意图，但球员在运动能力上可能处于下风，进行长时间比赛时，体能将是考验，此外也不利于球员的更替。如 2016—2017 赛季，北京首钢俱乐部主力球员中四名超过了 30 岁，球队战绩有下降趋势。②整体球员年龄偏小型。该人员结构中可能存在球员经验不足的问题，球员临场发挥不稳定，季后赛因球员经验不足导致问题多发，俱乐部短时间内难以有所作为。如浙江广厦猛狮俱乐部中“95 后”的年轻球员达到了 7 名，俱乐部常年难以突破季后赛首轮。③整体球员年龄合理型。始终保持经验与竞技能力平衡的俱乐部取得了良好战绩，如新疆广汇飞虎、辽宁沈阳三生飞豹俱乐部通过合理的球员年龄结构常年保持较好的战绩。以上从几个方面阐述了职业篮球俱乐部中球员处于不同竞技能力发展阶段对俱乐部整体的影响，从长远看，保持较为稳定的老、中、青不同竞技能力发展阶段的球员比例（大约 3∶6∶1），将是俱乐部保持持续的发展的重要途径。

2. 适宜的球员更替方式

球队长期战绩较差或者难以实现突破势必会引起俱乐部管理层对球队的调整，球员的更替就成了俱乐部调整的重要手段。在众多研究资料中发现，职业篮球俱乐部中球员的更替主要存在重建式、改建式、微调式三种形式。其中，在多数高水平职业篮球俱乐部中由于青训体系较好，球员更替主要采取微调式，这种更替方式的优点在于可以避免俱乐部做出重大改变，保证原有结构的稳定，这对具有一定实力的俱乐部效果明显，如新疆广汇飞虎、辽宁沈阳三生飞豹等俱乐部；然而还有一些俱乐部，常年处于季后赛行列但未取得突破性成绩，微调式或改建式较为合适，如广东宏远华南虎、山东高速等俱乐部；当然，诸如南京同曦大圣、北京控股等俱乐部长期徘徊在联赛的末尾，若想取得进步，必然需要采取重建式或改建式，以四川金强蓝鲸俱乐部为例，在经历长期垫底后，俱乐部引入三名外援，首发球员更换了四名，球队面貌焕然一新，最终在2015—2016赛季获得了中国男子篮球职业联赛冠军。各职业篮球俱乐部情况不同，更替方式还要考虑自身状况，选择最适合的方式以保证俱乐部球员间平稳更替，实现俱乐部良性发展。

（四）球员的训练水平

训练水平是球员在训练过程中所得到的竞技能力的水平，反映着训练中球员竞技能力的发展程度，球员训练水平越高，越容易在比赛中取得优异成绩。通常，球员的训练水平主要指训练内容质量与球员磨合程度。①训练内容质量。球员日常训练主要分为球员的个人训练和集体训练，如个人投篮训练、体能训练、技术练习和集体的技战术训练等。大多职业篮球俱乐部在比赛期间，日常训练约为两小时，主要以针对性的技战术演练为主，个别球员会在助理教练要求下进行个人训练，如中锋低位进攻技术、罚球技术、防守技术；体能训练是每天训练的固定项目，包括上下肢肌肉力量练习、移动速度练习、持球对抗练习、快速反应练习等。②球员磨合程度。关于球员磨合程度，一方面体现在球队氛围、凝聚力等方面，如教练与球员之间、球员与球员之间关系等；另一方面，体现在球员之间技战术配合的熟悉程度及是否高质量完成主教练技战术要求等方面。

为更好地了解俱乐部的训练水平，笔者对山东高速、青岛国信海天雄鹰、北京首钢等俱乐部的教练员与球员进行了问卷调查。调查发现，各俱乐部休赛期与日常的训练存在较大差异，一方面由于赛季末各俱乐部会引入新球员（包括球队交易与梯队升入）、部分球员需要备战国家队比赛、少数俱乐部外援引入较晚等，这些因素都给俱乐部休赛期的备战、球员间的磨合增加了困难。另一方面，在赛季中，俱乐部还存在教练员及外援更换的问题，这会打破球队原有的组合结构，球员之间在能力、打法上的不熟悉也将在比赛中产生极大的副作用，导致失误增多，攻防不流畅。此外，一些球员缺乏敬业精神、训练积极性不高、训练质量较差，而针对该情况，俱乐部应对措施不多，只能依靠奖罚制度，实行老球员带新球员的策略。

（五）科研水平

随着大数据、信息时代的来临，诸如大数据、云计算等越来越多的科技元素应用到职业篮球竞赛中，发挥着重要作用。

大数据为中国男子篮球职业联赛提供了广阔的平台。在中国男子篮球职业联赛俱乐部中，技术统计与录像分析技术成为球员大数据信息收集与挖掘的重要手段。此外，以大数据为支撑的球员赛场仿真、数据可视化呈现、球员成长预测等也正在成为一些职业篮球俱乐部训练的重要辅助手段。而对球员位置效率、真实命中率等大数据的挖掘与分析有效地解决了诸如投篮命中率、篮板、抢断等传统基础数据在体现球员能力层面渐显乏力的问题，让俱乐部的训练更加科学。

但是，我国职业球员数据收集、储存、分析及挖掘等还处于发展阶段，尤其表现为职业篮球俱乐部中科研投入少、设备与软件落后、专业科研人员匮乏等。通过对俱乐部管理层的访谈及查阅中国男子篮球职业联赛官网得知，2018—2019 赛季我国职业篮球俱乐部中仅有 10 家俱乐部配有科研团队，一些俱乐部科研人员是来自体育院校的研究生，他们未受到过专业的培训，资历尚浅，主要从事录像、视频剪辑等简单的工作，而对个别球员的针对性研究、技战术的研究等往往由助理教练负责。此外，现有的数据平台中球员数据信息还存在不完善、不准确、不够深入等问题，如球员年龄、身高、体重等基础数据缺失，不同数据库中球员信息不一致、技术统计不准确、缺乏进阶数据等。

六、职业篮球俱乐部人力资源管理

我国职业篮球俱乐部是建立在实体经济上的社会组织，并且在工商局注册备案，而人力资源管理作为俱乐部运营的重要一环，理应成为俱乐部构建核心竞争力中不可或缺的部分。在职业篮球俱乐部人力资源中，管理层、主教练及球员无疑是核心，为此，本篇着重围绕这三者进行研究。

（一）管理层

管理层是职业篮球俱乐部核心竞争力发展的决策者，他们掌握着俱乐部绝大部分资源，几乎所有的战略目标、思想、抉择等都是从这里传达出去并得到实施的，其重要性不言而喻。为此，研究主要从俱乐部管理层职位设置、管理者来源与更换、管理者经历等方面予以阐述。

1. 管理层职位设置

目前，我国职业篮球俱乐部管理层职位设置较为复杂，调查发现（图 4-3），2018—2019 赛季中国男子篮球职业联赛俱乐部的管理层职位设置主要包括董事长（执行），总经理（执行、行政），副总经理（常务），部门经理（新闻发言、办公室、推广部、培训部、竞赛部、财务部、后勤部）等，但各俱乐部因性质不同在岗位设置上存在较大差异，一些俱乐部的管理层职位设置较简单，而个别俱乐部则较为复杂，设立了监事会主席、党委书记、理事长等岗位。

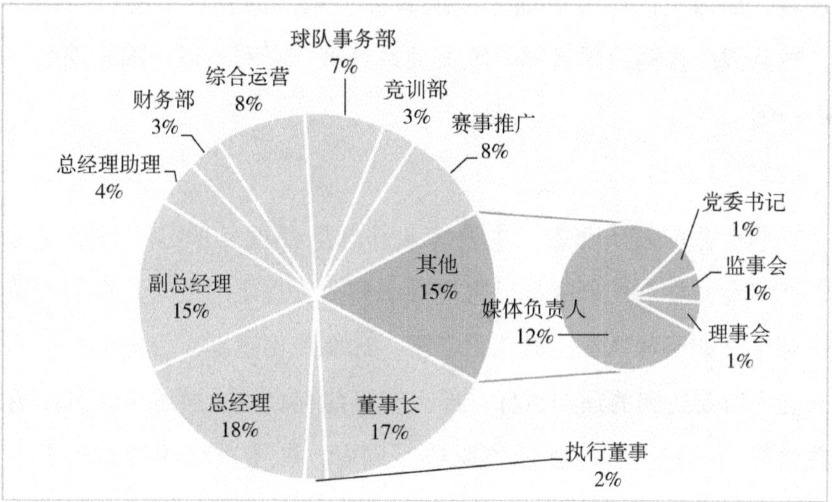

图 4-3　2018—2019 赛季中国男子篮球职业联赛俱乐部管理层部门结构设置示意（$n=20$）

2. 管理者来源与更换

我国职业篮球俱乐部管理层的来源（主要指球队总经理）主要分为内部继任及外部聘任两种形式，以内部继任即母公司派遣性任职居多，外部聘任相对较少，原因可归结为多数俱乐部总经理都来自相应的赞助企业，与外部聘任相比，其优势在于可以节省开支，也可以把控住俱乐部的权利。但弊端同样明显，俱乐部总经理来源于企业继任，对于职业体育的了解不够易引起战略决策的偏差。

3. 管理者经历

我国职业篮球俱乐部管理者多数来自企业内部，大多都缺乏俱乐部经历及相关体育背景，在处理俱乐部事务上显得力不从心；而少数球员出身的管理者，无过硬的经济学、管理学等方面的知识，难以应对俱乐部经营管理上的问题。建议让拥有丰富的球队经历与管理经验的人担任管理者，因为他们能够更加全面地掌握俱乐部的发展动态，如球员交易、球队战绩提高及球员和教练员关系处理，有利于俱乐部长期的发展（表4-6）。

（二）主教练

在职业篮球俱乐部中，主教练兼任球队经理一职已不再是罕见现象，诸多专家学者的研究都已将主教练列入管理层的范畴。在职业篮球俱乐部中，如果球队在主教练带领下，球队产出远低于目前俱乐部实际投入能力所要达到的预期目标，那么有可能存在该主教练未倾其所有或因执教能力不足，不能胜任该职位等问题，即主教练的效能和更换的问题。

1. 主教练效能

主教练效能问题的研究始于20世纪70年代，米兹伯格认为主教练具有三个责任，分别是人际关系、资料处理以及决策制定；而20世纪90年代，罗宾斯则认为教练员需要肩负俱乐部中规划、组织、领导控制等多项责任，这些责任根据所属俱乐部的具体情况不断发生变化。如今，主教练的效能更加多样化，包括学历、年龄、职业运动经历、执教经历、球队战绩、职业生涯、改革能力（由差变好）、交易球员能力等。本书对中国男子篮球职业联赛现役主教练执教性能进行了统计（表4-7）。我国职业篮球俱乐部或青年队多数主教练都是从职业球员退役后直接转为主教练，这种方式易引发多种执教问题，如个人信心不足、能力不够，球员训练方式不科学等问题。

表 4-6 2018—2019 赛季以前中国男子篮球职业联赛俱乐部职业经理人基本境况

俱乐部（球队）	来源	总经理	学历	专业经历	体育经历	俱乐部任职经历
浙江广厦猛狮俱乐部	继任	楼　明	硕士	经济	无	经理 12 年
辽宁本钢俱乐部	聘任	严晓明	本科	经济	体育发展中心	经理 8 年
广东东莞银行俱乐部	继任	朱芳雨	体校	—	职业运动员	经理 1 年
青岛国信双星俱乐部	继任	张北海	—	管理	无	经理 5 年
吉林九台农商银行东北虎俱乐部	聘任	孙　军	体校	—	球员、教练	经理 5 年
南京同曦大圣俱乐部	聘任	胡卫东	体校	—	球员、教练	经理 1 年
福建 SBS 浔兴俱乐部	继任	施国伟	本科	—	无	经理 2 年
上海哔哩哔哩篮球队	继任	章明基	硕士	经济	无	经理 5 年

表 4-7 2017—2018 赛季中国男子篮球职业联赛现役主教练效能

主教练	年龄	职业运动经历	助理教练	主教练执教经历	执教战绩	季后赛经历	冠军人数
中国男子篮球职业联赛	45	10. 1	3. 1	7. 2	47. 33%	2. 4	5

2. 主教练更换

主教练的更换是职业体育中较为常见的现象。一直以来，从不同角度针对更换主教练对俱乐部战绩影响的研究从未停止过。实际上，主教练的更换主要涉及两种情况：第一种情况，“替罪羊”形式。即当俱乐部长期处于低谷时，为了改变俱乐部气氛，安抚球迷，采取更换主教练的方式；第二种情况，当俱乐部处于发展瓶颈时，俱乐部为了改变现有的状况，选择效能更好的主教练来提高战绩。

对中国男子篮球职业联赛 2013—2019 赛季的统计发现，俱乐部单赛季更换主教练共计 26 次，更换后多数俱乐部战绩较上一个赛季有明显提高。由此可见，赛季末更换主教练对下一个赛季俱乐部战绩产生了一定影响，这可能得益于新教练员对俱乐部做出了调整，球员精气神得到提高使战绩提高；在主教练连续任职的两个赛季中，俱乐部战绩在主教练第二个任期开始下降；在主教练连续任职的三个赛季中，俱乐部战绩较上一任期有明显提高，说明短时间成绩的提高具有不稳定性，相对延长主教练执教任期可能会提高俱乐部的战绩。

如果说俱乐部更换主教练是为了提高球队的战绩，而不是为了“替罪”，那么主教练的效能是值得考虑的问题。过去，关于主教练效能的研究更多地从战绩角度来评判。如用函数的方式即通过边界产出法，利用投入与产出的关系来评估主教练的能力；将管理效率的估计值作为协方差，来确定主教练的贡献；运用相关系数、主成分分析、层次分析等方法开始更加准确地评判主教练关联度。在中国男子篮球职业联赛俱乐部中发现，资历较高的主教练确实对球队提高战绩起到了帮助作用，使球队赢得了更多的比赛，虽然这与一些俱乐部拥有较多高质量球员有关，但依然不可否认主教练的重要贡献。

在我国，几乎所有的篮球教练员都曾经是专业球员，其球员生涯可能是胜任主教练之前唯一的履历，由于缺乏管理学、经济学等相关专业的教育背景，他们的角色较为固定，几乎只是参与与训练相关的事务，大多不参与球队管理。而在如今的职业篮球俱乐部中，大多数主教练的职责开始从原有的选材、训练、制定球队的战术等内容扩大到球员的转会、更换、买卖等事务中。当然，在一些俱乐部中，主教练也进入管理层，参与俱乐部事务管理。

（三）球员

球员是俱乐部的核心财产，同时也是俱乐部核心竞争力的实践者。从中国男子篮球职业联赛俱乐部人员分布来看，主要分为俱乐部一线球员及二、三线梯队球员三类。

1. 国内球员

如今在外援水平趋向于平衡的俱乐部中，战绩的取得开始更加依靠本土球员的发挥，但处于国家培养体制下的球员很难独立处理人事关系，俱乐部难以通过有效的转会途径得到高质量的本土球员。在国内，球员作为俱乐部特殊的人力资源，俱乐部对其有着特殊的规定。职业篮球俱乐部培养的球员属于体制内球员，根据篮球协会的规定，俱乐部青年队队员在晋升到成年队时，要签订一份不超过 4 年的合同，且合同期满后俱乐部享有 2 年的优先注册权或独家签约权，俗称“4+2”，也就是说球员在该时期失去了对其人力资本的使用、处置、收益的控制权，之后即便是转会也因错过了职业生涯的巅峰期，转会价值大大降低。虽然少数国内大学生球员因签约权不受体制限制，可以自由转会，但由于球员水平有限，转会效果并不明显。

2. 外援

如今，外援对于球队战绩的影响远比上个十年更加明显，范民运等人的研究认为，外援对球队战绩的提高起到决定作用，在比赛关键时刻，更多的教练员（78.57%）倾向于使用外援。罗艳春的研究认为，外援技术发挥程度与球队战绩相关性显著，并且一个赛季中，外援出场次数越多，战绩相对越好。以上研究较好说明了外援对球队的重要作用。

近些年，随着外援在比赛中的出色发挥，球队对外援的依赖也越来越大，外援更换愈发频繁。关于外援更换问题，即如何更换，更换前后球队变化如何，笔者对 2017—2019 赛季中国男子篮球职业联赛外援更换前后俱乐部战绩的情况进行了统计。研究结果显示（表 4-8），2017—2018 和 2018—2019 赛季在更换外援的球队中，更换外援后 6 场、12 场、18 场比赛的平均战绩要好于更换前战绩，但相比于赛季中一直未更换外援的球队，胜率依然不太乐观。研究表明，赛季中更换外援确实可以短暂地改善球队战绩，但不能从根本上提高球队的战绩；赛季未更换外援球队的战绩表明，外援融入球队需要一定的时间，包括对球队的战术风格、教练员的战术以及球员配合的适应情况。当然，在研究中也发现少数外援确实因为自身水平太差，无法给球队提供有力的支持。虽然中国男子篮球职业联赛俱乐部对外援的更换较为频繁，但还是有不少的外援依然在同一支球队效力两个赛季或更长时间，主要有广东宏远华南虎俱乐部的威姆斯、四川金强蓝鲸俱乐部的哈达迪及山东高速俱乐部的杰特等。

表 4-8　2017—2019 赛季外援更换与球队前后战绩

球　队	更换前 6 场 胜率（%）	更换后 6 场 胜率（%）	更换前 12 场 胜率（%）	更换后 12 场 胜率（%）	更换前 18 场 胜率（%）	更换后 18 场 胜率（%）
更换外援球队	0.35	0.44	0.32	0.37	0.45	0.46
未更换外援球队	0.62	0.56	0.64	0.62	0.65	0.61
差　值	-0.27	-0.12	-0.32	-0.25	-0.2	-0.15

为探求这些相对长期留队的外援与球队战绩的关系，研究中统计了中国男子篮球职业联赛近三个赛季外援效力俱乐部超过一个赛季的球队战绩情况以此来证明外援更换对俱乐部的长期影响。单赛季内外援更换的俱乐部共计 35 家（同一家俱乐部可能存在多次更换外援的现象），平均胜率 48.45%，外援（1 个外援及以上）在俱乐部效力两个赛季以上的俱乐部共计 22 家，平均胜率 53.24%，两者相差 4.79%，结果虽然相差较小，但一定时期内，中国男子篮球职业联赛外援长时间效力该俱乐部，确实对该球队战绩产生积极的影响（表 4-9）。

表 4-9　2017—2019 赛季中国男子篮球职业联赛常规赛俱乐部外援更换与战绩情况

条件	俱乐部数量	胜率（%）	差值（%）
外援单赛季更换	35	48.45	4.79
外援保持两个赛季以上更换	22	53.24	

3. 俱乐部球员梯队建设

职业篮球俱乐部的梯队建设同样是俱乐部人力资本的重要组成部分，决定了俱乐部核心竞争力的可持续性发展。在俱乐部中，职业球员的更换频率之快已成为不争的事实，为满足俱乐部发展的需要，一旦球员被认定为不适合俱乐部，那么该球员将面临被交易的命运。而受到交易规则的约束，俱乐部要想提高战绩，发展自身核心竞争力，只能靠强大的后备梯队建设。

关于俱乐部后备人才的来源，国内职业篮球俱乐部的人才主要来源于三种培养机制：职业竞技体育体制、专业竞技体育体制、业余竞技体育体制。职业竞技体育体制主要是俱乐部自己培养球员，球员归俱乐部所有，如俱乐部设立青训部，建立相应的青训基地，安排专门的教练员对球员进行培训，形成逐级培养模式；专业竞技体育体制则主要依赖于地方体育局，球员以输送的方式进入俱乐部，形成地方体育局与俱乐部共同培养的模式，这种模式也是当前俱乐部后备人才的主要来源；业余竞技体育体制是指球员来源于地方性篮球学校、各训练营、大学生联赛等，通过引进的方式为俱乐部效力。

近些年，梯队建设逐渐受到各俱乐部的重视，培养渠道开始拓宽，已不再拘泥于传统的三级培养模式，多渠道、多元化的发展模式成为职业篮球俱乐部的主攻方向，这些都是我国篮球联赛职业化变革的阶段性成果。而目前多元化的培养模式衍生出另外一个问题，即培养模式间的衔接问题：①目标的差异性。竞技体育培养模式重技术，轻学习；体教结合的模式固然好，但一直处于探索阶段，尚无大面积成功的案例，无法平衡球员学习和技术水平的关系，优秀球员产出效率不高；地方性篮球学校致力于培养社会需要的篮球人才，但真正走向职业的球员只是凤毛麟角。由此我们清晰地看到以上三种培养模式存在目标的差异性，这种差异造成了俱乐部球员输送链条衔接不足的问题。②训练衔接不够。国内大部分俱乐部的二队、三队等后备力量主要来自地方体育局，旧体制遗留下的资源保护、难以共享等矛盾长期存在，这种体制导致地区间形成壁垒，尤其在落后地区，高水平的教练员匮乏，球员的成才率较低。此外，地方性教练员的编制与收入问题加剧了这一现象的蔓延。而地方性篮球学校，在没有政府财政的支持下，难以有持续的发展动力。③竞赛机制缺陷。赛事少、分散、质量偏低是目前青年联赛所面临的主要问题。目前，国内较为成型的比赛主要有大学生联赛、青年联赛、少年联赛三种，各联赛自成一派，互不干涉，难以实现有效交流。此外，竞赛水平脱节严重，体育系统人才的竞赛水平明显高于大学生群体及社会性组织。作为职业篮球俱乐部，若想长期保持核心竞争力的上升与发展，就必须解决好不同阶段球员的培养衔接问题。

放眼整个中国男子篮球职业联赛，各俱乐部的培养模式大同小异，其中广东宏远华南虎俱乐部梯队建设优势明显（图 4-4），通过调查发现，广东宏远华南虎俱乐部的培养模式虽然与其他职业篮球俱乐部类似，但表现出自己的特点。①青训体系结构的紧密与完善。青训体系是

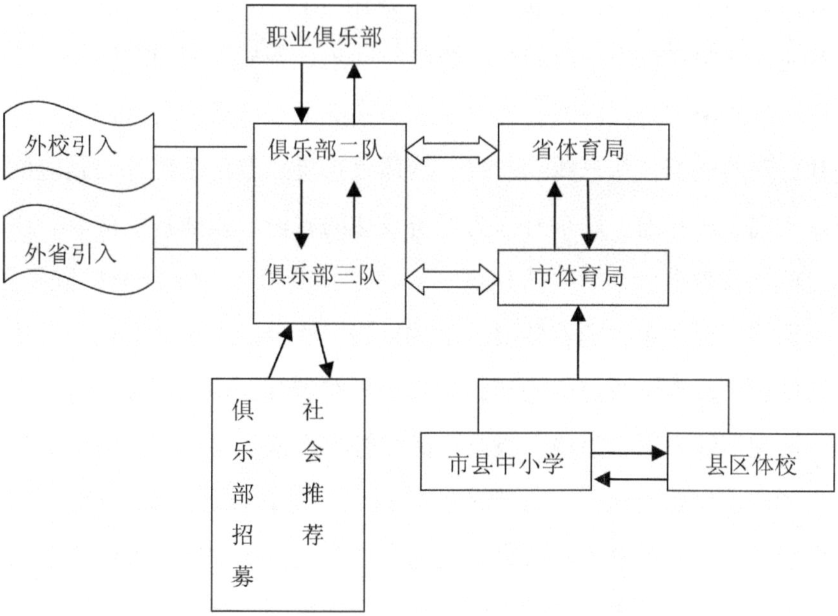

图 4-4 广东宏远华南虎俱乐部球员输送体系链

职业篮球俱乐部的“命根子”，是俱乐部不可或缺的一部分。广东宏远华南虎俱乐部是较早注重青训的俱乐部之一，球员一般在 14 岁左右开始参加青训，17 岁成为球员的分水岭，水平高的球员与俱乐部签约，继续参与俱乐部各种比赛，如 U17、U21 等比赛，逐渐从三队过渡到一队，而其他球员则可以选择进入大学或者社会，整个青训的培养都在俱乐部掌控之中，保证了三个梯队建设紧密相连，形成完整的输送体系。②俱乐部选材比例发生变化。目前，国内大多数的俱乐部依然靠多级体校培养后备力量，各自维护自己区域的人才，防止球员的流动。然而，广东宏远华南虎俱乐部在选材的比例上发生了变化，一方面广泛地吸收各地区的优秀球员，逐渐打破以体校为依托的局面；另一方面开始从学校中挖掘球员自行培养，这在体校日渐萎缩的情况下，提前为俱乐部开辟了新道路。③优化青年的赛制。合理的比赛设置是保证球员状态的唯一方式，目前国内的青年联赛较少、赛制也相对不合理。为节省费用，比赛通常集中在较短的时间里，赛制时间短、备战周期相对较长，不利于球员状态的维持。因此，广东宏远华南虎俱乐部通过与其他俱乐部间展开更多的比赛，从三线到一线、从体育系统到教育系统开展相应的比赛以实现交流互助。广东省作为经济发达的省份，篮球基础浓厚，以东莞篮球学校为平台，为梯队提供了较多的比赛机会。④合理配置资源、科学训练。近些年，随着各俱乐部的重视，资金投入相继增加，俱乐部的基础建设取得了长足的进步，集中表现在训练设备、环境、饮食等方面。但在训练方法、手段、康复、医疗等方面依然存在较大问题。广东宏远华南虎俱乐部建立了合理的奖罚机制，对教练员选拔、球员训练、日常行为等方面的制度进行完善，避免急功近利的训练，保证科学的训练。另外，教练员与球员的工资也位居全国前列，极大地激发了基层球员的训练热情。

七、职业篮球俱乐部文化与学习

（一）职业篮球俱乐部文化结构

文化是一个相对复杂而具有深远意义的哲学概念，涉及各个领域，如社会文化、体育文化、企业文化等。因此，对职业篮球俱乐部文化的界定也应是从各种文化的内容借鉴而来，即它是一个由其价值观、信念、仪式、符号、处事方式等组成的特有的文化形象。简而言之，就是俱乐部在日常运行中所表现出的各个方面，主要包括俱乐部的物质文化、精神文化，行为文化、制度文化等。俱乐部文化作为俱乐部核心竞争力的一部分，是俱乐部核心竞争力形成的基础。第一，良好的文化可以提升俱乐部的管理能力，尤其是俱乐部文化理念越成熟，管理体系就越有章法。第二，俱乐部文化可以调动球员与员工的热情和积极性。球员是俱乐部的核心，他们的热情与敬业精神关系到俱乐部的生存与发展。第三，俱乐部文化可以提高球员与员工的创新能力、凝聚力以及战斗力。

1. 职业篮球俱乐部物质文化

物质文化是俱乐部文化最基础、最外层的内容，通常以俱乐部的竞赛产品、基础设施、衍生品等形式出现。在对俱乐部的调查中发现，商品与场馆建设成为当前俱乐部物质文化发扬的主要内容。商品主要是俱乐部球员在竞赛中表现出来的竞技水平，俱乐部竞技水平越高，越能够吸引观众、赞助商以及媒体的关注进而获得利益。场馆建设主要是俱乐部训练场馆和比赛用馆。此外，其他诸如训练基地、训练实施、俱乐部监控、康复与医疗设备以及俱乐部生活设施等基础设施也是俱乐部物质文化建设的内容。如今，为提高球员的竞技水平，延长竞技寿命，一些俱乐部开始注重基础设施的建设，使其更趋向完善化、科学化、人文化以及现代化，如北京首钢俱乐部从首钢迁至五棵松，环境容纳量、舒适度等得到了较大的提高；四川金强蓝鲸俱乐部建立了自己的篮球专项训练基地，广东宏远华南虎俱乐部建立了自己的篮球比赛场。俱乐部都有带有自己标识的商品，如帽子、衣服、钥匙链、手表等，并通过相应的销售点进行出售，如场馆摊位、专卖店等。

2. 职业篮球俱乐部精神文化

精神文化是俱乐部文化最内层的内容，解释的是俱乐部发展的深层次内容，主要表现在俱乐部全体成员价值观、凝聚力、集体效能、氛围，以及更衣室氛围、吉祥物、网站、啦啦队等方面。目前，在我国职业篮球俱乐部中，战绩的最佳化成为主要任务，精神文化还未受到足够重视，如俱乐部球员、教练员的频繁更换影响集体凝聚力的提高；多数俱乐部还未形成自己的专属网站，在已有的网站中也是泛泛地介绍俱乐部；比赛中吉祥物的出现次数及与观众互动的频率不足，俱乐部的原始标识被过多的赞助商标识覆盖；俱乐部频繁地更换赞助商，导致品牌识别度不高；俱乐部无队训、队歌等都会导致俱乐部精神文化得不到发扬（表 4-10）。

表 4-10　国内外职业篮球俱乐部精神文化表现形式

内容	我国职业篮球俱乐部
队徽	汉字+图案；英文+图案；汉字+英文+图案
队训	少数俱乐部有
队歌	少数俱乐部有
队服	颜色单一，带有队徽、英文、篮球协会标识、赞助商名称
吉祥物	有
网站	多数俱乐部没有固定的网站

续表

内容	我国职业篮球俱乐部
啦啦队	有
纪念品	有，但少，销售不多

如今在职业化联赛中，俱乐部的精神文化已经成为俱乐部的标签，对俱乐部形象塑造、品牌升值以及长期发展意义重大，但我国职业篮球俱乐部还未形成独有的精神文化标识，俱乐部的管理者还未形成打造一流俱乐部的意识，他们认为俱乐部的发展依赖于联赛质量的提高，在当前的环境下全方位地打造俱乐部文化的时机尚未成熟，会增加俱乐部的额外成本；而教练员以及球员更是将精力放在比赛上，并不在乎其他几乎与之无关的内容。总的来看，我国职业篮球俱乐部除球队战绩外，更缺乏盈利价值观、社会服务观、育人观等精神文化。

3. 职业篮球俱乐部行为文化

俱乐部的行为文化更多的是俱乐部管理者、球员、教练员等在竞赛与管理中表现出来的代表俱乐部整体性的行为，这些行为具有典范性、代表性，行为文化的好坏最终将反映在俱乐部以及整个联赛上，关系到俱乐部整体形象的塑造。如四川金强蓝鲸俱乐部的“微公益·彭友行”活动，江苏龙肯帝亚俱乐部“血液连接你我”活动等；少数比赛中表现出的积极行为，如亚布塞莱的保护性动作、王建军坚持与球队共进退等，这都对俱乐部以及联赛产生了积极的影响（表4-11）。但在过去几个赛季中，俱乐部也出现了诸如打架、发表不当言论、攻击裁判等不良行为，极大地损害了俱乐部的品牌形象。因此，在俱乐部的职业化发展中，俱乐部还需注重行为文化建设，规范好俱乐部相关人员的行为，让俱乐部在健康良好的环境中发展。

表 4-11　2016—2019 赛季中国男子篮球职业联赛俱乐部赛场出现的良性行为事件

时间	球队	良性事件
2016-11-16	山东高速篮球队 vs 上海哔哩哔哩篮球队	山东高速篮球队丁彦雨航在患有感冒、呕吐等身体不适的情况下坚持比赛
2016-11-21	上海哔哩哔哩篮球队 vs 辽宁本钢篮球队	上海哔哩哔哩篮球队外援亚布塞莱放弃篮下得分机会，保护了在空中失去平衡的郭艾伦
2017-02-10	深圳马可波罗篮球队 vs 上海哔哩哔哩篮球队	深圳马可波罗篮球队主教练王建军，面对身患重病的孩子依然坚持与球队共进退
2017-03-01	广东东莞银行篮球队 vs 四川品胜篮球队	四川品胜篮球队球迷集体远赴广东为球队加油
2018-12-09	辽宁本钢篮球队 vs 江苏龙肯帝亚篮球队	辽宁本钢篮球队给原队内球员赵率舟颁发总冠军戒指
2019-01-19	八一南昌篮球队 vs 北京控股篮球队	八一南昌篮球队的宁宏宇放弃球权将对手扶起

4. 职业篮球俱乐部制度文化

俱乐部的制度文化是俱乐部其他三种文化的保障，是以固定内容形式存在的文化。俱乐部的制度文化主要包括两个方面：一方面是俱乐部照搬篮球协会的规定以及结合自身情况制订的管理制度，包括俱乐部章程、奖励与处罚规定等，是俱乐部对教练员、球员日常训练与活动的纪律性规定，这些主要用来管理以及约束俱乐部员工行为，维护俱乐部秩序的稳定；另一方面包括俱乐部管理层面的各项机制，如组织机制、管理机制、决策机制、运行机制等。制度文化的完善为俱乐部发展提供了保证，也为整个联赛的稳定建立了有效的监管机制。

目前，我国职业篮球俱乐部无论是规章制度还是运行机制都存在诸多不足，如俱乐部法制不健全，缺少专门的法务团队，对球员奖惩规定不够明确，员工的评价机制模糊，俱乐部产权、责权制度不清晰，经营机制不完善等，这些都是俱乐部未来亟须解决的问题。

（二）职业篮球俱乐部学习能力

俱乐部学习能力是俱乐部核心竞争力的一部分，是俱乐部具有的能够引起俱乐部本身持久变化的内在能力，对俱乐部实现和维护核心竞争力稳定意义重大。俱乐部只有通过不断地学习先进理念、制度、方式及技战术等，才能积累更多有利的资源来壮大自己。

关于职业篮球俱乐部的学习能力，已有研究基本都从球员管理、制度改善、产责权等层面展开讨论，而缺乏对俱乐部现实问题的思考。职业篮球俱乐部学习能力应该表现在俱乐部相关人员上。近些年，国内职业篮球俱乐部的学习能力和反馈能力得到了一定的重视，取得了一定效果，具体表现在对于外援的管理与使用、组织专家讲座、休赛期赴欧美等国家进行拉练、聘请优秀的体能教练员等方面。然而，球员还未建立自主学习意识，自觉反馈意识不强，如通过平时自觉加练、研究比赛录像视频、钻研技战术等方式自主学习的球员较少，俱乐部员工持续学习力度不强，自主学习意识不够强烈。因此，俱乐部需要重视学习能力，相关人员要不断充实自身的能力、知识、技术等，进而不断转化形成核心竞争力。

第三节　我国职业篮球俱乐部核心竞争力形成机理

一、我国职业篮球俱乐部核心竞争力演化的自组织机制

我国职业篮球核心竞争力主要是由俱乐部内部治理能力、经营管理

能力、综合竞技能力、人力资源管理以及文化与学习能力五大要素构成，这些要素间相互作用，采取了共同的模式，彼此间发生了联系和协同，使俱乐部核心竞争力系统在宏观上表现出有序性。事实上，俱乐部核心竞争力的形成机理遵循的也是一种特殊的自组织系统的演化过程。首先，俱乐部核心竞争力是一个有组织、开放性、能够自主地从无序走向有序、从低级走向高级的系统；其次，在形成与发展过程中，其有序结构随着时间的推移而增加，子系统通过彼此之间的物质、能量或者信息等内容交换，实现子系统间的协同合作，使整个系统形成一种整体效应和功能结构；最后，它是一个不由外部干预以及系统控制者的特定指令而形成的过程，这里的自组织并不是可以离开与环境的相互作用而独来独往，封闭系统是不可能自发组织起来、自发实现从混沌到有序发展的。

在职业篮球俱乐部核心竞争力的发展过程中，其外部因素虽然发挥着重要作用，但这仅仅是外部因素，而内部因素才是它的决定因素。在运用协同学的自组织理论研究俱乐部核心竞争力的演化过程中，为更好地凸显内部各要素维度，内部治理能力、经营管理能力、综合竞技能力、人力资源管理以及俱乐部文化与学习能力间的非线性相互作用，需要建立一个数学模型。由于各俱乐部所受外部条件几乎是等同的，因此，在研究俱乐部核心竞争力形成机制时，需要假设外部环境的作用力是恒定的。由此，俱乐部核心竞争力内部要素运行机理的自组织运动方程表示为：

$$dF/dt = f(P_1, P_2, P_3, P_4, P_5) - KF + F_0 \qquad 4\text{-}1$$

$$dP_i/dt = f_i(P_1, P_2, P_3, P_4, P_5) - kopi \qquad 4\text{-}2$$

在运动方程式 4-1 中，dF/dt 表示俱乐部核心竞争力的变化率，K 表示俱乐部核心竞争力 f 的变化率 dF/dt 与原有状态的关系，俱乐部核心竞争力的演进是不断打破原有系统内部阻力的过程，因此，K 又被称为阻力系数，P_1、P_2、P_3、P_4、P_5分别代表前述的五个构成要素，f 表示五种核心要素的协同整合对俱乐部核心竞争力演进的影响，这种影响其本质是俱乐部核心竞争力构成要素（子系统）之间竞争合作的非线性互相协同作用的结果。F_0表示恒定的外部环境的作用力，如政府、市场、外部联盟等因素，它们是俱乐部核心竞争力在系统自组织演化中与环境进行物质、信息、知识、技术、能量等要素的交换，是影响系统自组织的重要外部因素。

运动方程式 4-2 表明，俱乐部中五项因素维度的协同作用对俱乐部核心竞争力形成与演化的影响，同时也说明了俱乐部核心竞争力的演化不仅与其自身前期的状态有关，还与外部竞争环境有关。运动方程式 4-2 表明，各子因素系统在俱乐部中的演化过程，这些子系统依然存在突破原有状态，实现新的结构功能状态的现象。整个系列方程描述了俱乐部系统内部的自组织作用机理，俱乐部自组织过程既促进了俱乐部核心竞争力的演化，也促成了内部子系统的演化，且演化存在因果、相互影响的关系。

二、我国职业篮球俱乐部核心竞争力的不稳定性变化

自组织理论强调的是在复杂系统中，系统是如何实现从无序结构走向有序结构的过程。我国职业篮球俱乐部核心竞争力作为一个复杂的开放系统，它是在各内部要素与外部环境共同推动下产生的。按照协同学原理，产权、责权、管理制度、竞技能力、文化学习、经营模式等都是核心竞争力的各种参量，这些参量的不稳定性即竞争孕育出了几种宏观结构的“胚芽状态”，在本书中归结为内部治理、经营管理、综合竞技

能力、人力资源、文化与学习五个序参量。在俱乐部核心竞争力不断地从不稳定向稳定变化的过程中，序参量扮演了重要角色，“序”是刻画系统间相互关联、相互合作的概念。在协同学原理中，系统的有序结构是由少数几个缓慢增加的变量（序参量）决定的。这些序参量之间依然需要进行互相竞争，形成一种主宰整个结构的序参量，其余参量都将会以此为中心不断地实现互相协同发展，形成合力。如以内部治理或经营管理为基础形成核心竞争力系统等。事实上，从目前俱乐部核心竞争力系统看，以职业篮球俱乐部竞技实力为基础形成核心竞争力成为主旋律，这也是我国各职业篮球俱乐部普遍采用的方式，而以经营管理为基础打造核心竞争力的俱乐部则不多见。

由此可知，俱乐部自身核心竞争力的形成是由内部各要素不断地竞争，而后通过合作实现的。核心竞争力作为一个开放的系统，不稳定是必然的，也是其从无序到有序再到无序周而复始的过程的关键(图 4-5)。

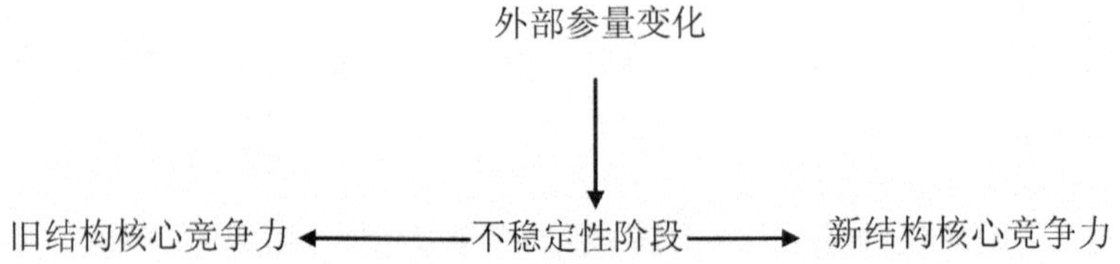

图 4-5　俱乐部核心竞争力系统的不稳定性

三、我国职业俱乐部核心竞争力的“序”参量与“势”分析

在俱乐部核心竞争力系统的演化中，序参量是有序结构的不同类型与有序程度定量化概念和判断的依据，对研究俱乐部内部“非平衡相

变”作用明显；而“势”是系统具有的采取某种走向的能力，或者从一种状态趋向另一种状态的能力，它是核心竞争力系统内部各要素之间相互作用的外在表现。其实，核心竞争力的“序”与“势”的关系类似于哲学范畴中的内外因原理。在职业篮球俱乐部核心竞争力研究中，主要分为三阶段（图 4-6）。

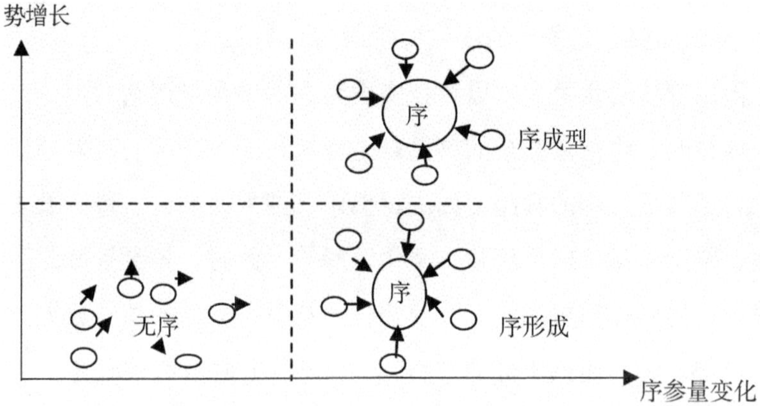

图 4-6 我国职业俱乐部核心竞争力的“序”参量与“势”变化

1. 俱乐部核心竞争力的无序阶段与“势”

在俱乐部核心竞争力系统的形成初期，系统内部存在若干参量，这些参量既包括快参量，如基础设施、俱乐部组织结构等；也包括慢参量，如俱乐部文化、综合竞技实力、经营管理等。这些参量虽然彼此间既竞争又合作，但难以有绝对支配的序参量产生，导致系统处于无序状态。此时，俱乐部核心竞争力并未形成稳定的“势”，外部表现为竞争优势不突出，盈亏反复，俱乐部在联赛中位置起伏不定。

2. 俱乐部核心竞争力的序形成阶段与“势”

对于核心竞争力系统，各参量几乎同时处于一个矛盾竞争的系统中，每一个参量决定着一种宏观结构以及它所对应的微观组态，当某一个或几个序参量在竞争中获胜时，就会形成由该参量主宰的宏观结构，即序参量的竞争最终将形成一个模式。从目前各俱乐部发展来看，在诸如治理能力、竞技实力、人力资源、文化等慢参量的竞争中，形成了以竞技实力为主体的序参量，各变量开始集中向其靠拢，形成有序阶段。此时，俱乐部核心竞争力的“势”开始提高，表现出一定的竞争优势，如战绩提升、观众增多、俱乐部文化发扬、凝聚力增强、效益提高等。

3. 俱乐部核心竞争力的序成型阶段与“势”

当俱乐部核心竞争力中以竞技实力为主的序参量逐渐增强，处于绝对支配地位时，将指导其余的参量自主地执行指令，调动其自创生、自适应、自调节等过程的实施，如决定俱乐部的战略制订、科研投入、技术发展、资源分配、球员更替、文化发展等。此时，各参量彼此间合作更加紧密，协同作用更加明显，导致核心竞争力整体的功能放大，使整体大于局部之和。而俱乐部的“势”，则表现出俱乐部核心竞争力走向成熟，俱乐部战绩跨入前列，俱乐部员工向心力提升，观众支持率明显提高，收入增加，俱乐部暂时进入了相对稳定的时期。

第四节　我国职业篮球俱乐部核心竞争力动态轨迹

20 世纪 80 年代，美国管理学家伊查克·爱迪思在借鉴哥德纳、斯坦梅茨等的研究基础上创立了企业的生命周期理论，该理论探讨了企业发展以及成长轨迹的特点，指出了企业的发展历经产生、发展、成熟、衰退等几个主要的时期。职业篮球俱乐部作为企业的一种特殊形式，它的发展一直与它的商业属性紧密联系在一起，这种特征在现代竞争中表现尤为突出。核心竞争力作为俱乐部的支柱，始终处于不断的动态变化中，其组成元素的变化决定着核心竞争力的效应。换言之，职业篮球俱乐部核心竞争力从建立开始便会受到诸如战绩、品牌、人力、政策等元素的影响。由此可知，任何一家职业篮球俱乐部都不是长盛不衰的，只不过是维持其周期的长短罢了，而正确分析和把握俱乐部核心竞争力的规律对俱乐部保持竞争性便显得格外重要。

一、职业篮球俱乐部核心竞争力的一般性轨迹

世界上任何事物都存在着生命周期，我国职业篮球俱乐部同样也不例外。通常，我们看到职业篮球俱乐部核心竞争力的演变过程包括产生初期、快速发展期、成熟期、衰退期、蜕变期等过程，也被称为一般性轨迹变化过程。在俱乐部的发展中存在核心竞争力从无到有再到无的循环过程，该过程中各个阶段的发展要求存在较大差异。了解这些共性，便于俱乐部了解自己所处的生命周期阶段，从而及时反馈与修正，以期达到良好的效果。

为更好地凸显俱乐部核心竞争力的一般性轨迹变化，研究中引入了数学函数：将知识、创新、技术等要素作为隐性核心竞争力，综合竞技水平、高质量人才、基础设施等作为显性核心竞争力；整合能力为转换的催化剂。职业篮球俱乐部核心竞争力的变化是依次按照产生初期、快速发展期、成熟期、衰退期、蜕变期的轨迹变化，即①，②，③……N。其中①代表职业篮球俱乐部获得的最初级核心竞争力状态（包括隐性或者显性），N代表职业篮球俱乐部核心竞争力N时间的发展节点。设在核心竞争力的每个节点下，隐性核心竞争力水平为x，显性核心竞争力水平为y，那么某一时期核心竞争力水平可以用下式表达：

$$C_N = a \cdot F(X_N, Y_N)$$

在表达式中 a 为职业篮球俱乐部核心竞争力向显性核心竞争力转化的整合系数，也就是说在一定条件下，整合能力越高，越有利于核心竞争力的提高；$F(X_N, Y_N)$ 为职业篮球俱乐部核心竞争力显隐性状态下所产生的效能函数关系。

事实上，我国职业篮球俱乐部核心竞争力是一个能量不断积累，实现其不断变化攀升的过程，不同的时期都存在一个变质点，当俱乐部核心竞争力强度累积达到该点，核心竞争力变化出现向下一级的跨越，否则将会不断衰退。另外，它还是一个周而复始的转化过程，每一个阶段都有自己特殊的性质和状态（图 4-7）。其总体变化可概括为以下几个阶段：

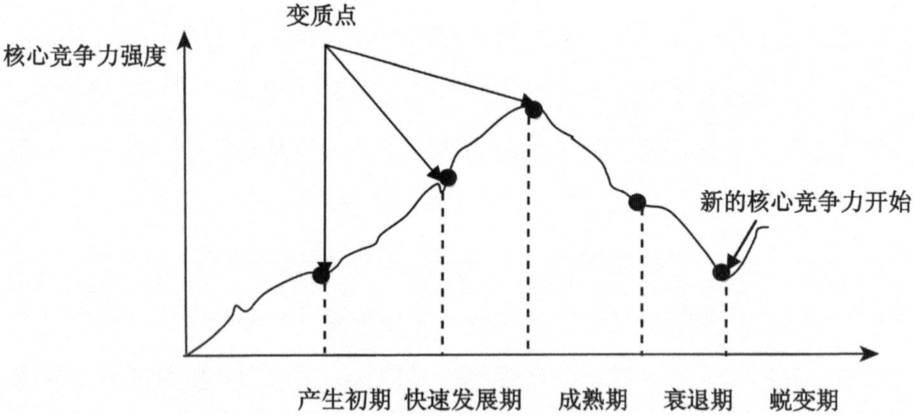

图 4-7　职业篮球俱乐部核心竞争力发展的一般性动态轨迹

1. 产生初期阶段

职业篮球俱乐部一旦建立，必然会有其核心竞争力，但由于球员水平有限、俱乐部管理缺乏经验等问题，俱乐部还难以形成较高的、稳定的核心竞争力水平，此时俱乐部在联赛中难以获得优势地位，其战绩较差，关注度低，俗称“交学费阶段”。该时期的主要任务在于向优秀俱乐部学习，改善自身不足，不断实现隐性核心竞争力向显性核心竞争力的转换。

2. 快速发展阶段

经过几年的发展，俱乐部由于在知识、技术、能力、创新等方面的积累增加，核心竞争力步入快速发展阶段，表现为俱乐部开始适应联赛节奏，战绩开始提高、上座率增加等，显性核心竞争力逐步体现。但俱乐部的整合能力还有欠缺，制约了俱乐部的进一步发展。

3. 成熟阶段

在经过快速发展期后，俱乐部的整合能力有所提高，更多的隐性核心竞争力得到转化，俱乐部开始形成成熟的核心竞争力。该时期俱乐部已经具备进入季后赛，乃至竞争冠军的能力，球迷基础较为广泛，俱乐部品牌得到高度认可，市场得到积极开发，俱乐部整体发展良好，具有一定的稳定期，较长时间处于联赛的上游水平。

4. 衰退阶段

成熟期后，随着俱乐部转化能力的下降，在其他俱乐部的冲击下，原有的核心竞争力不足以维持俱乐部持续发展，俱乐部开始走下坡路，若不及时调整极易导致俱乐部衰退到起始状态或者易主，持续该状态也将导致已经建立起的品牌、观众基础、市场等消失殆尽。

5. 蜕变阶段

该阶段属于职业篮球俱乐部核心竞争力的延续，旧的技术、知识淘汰，新的技术、知识开始积累、转化，不断重复之前的过程。

二、俱乐部核心竞争力的特殊性轨迹

跨越式发展是唯物主义观中矛盾推动社会进步的思想内涵之一，整体的常规与局部的超常规以及落后者的跨越式都是事物发展的一种特殊规律。职业篮球俱乐部核心竞争力的变化轨迹并不是一成不变的，而更多的是取决于自身资源的整合。当某一时期职业篮球俱乐部的管理、经营、高质量球员等要素高度集聚，达到并突破能量点（俱乐部核心竞争力资源要素的聚集饱和度）时核心竞争力的发展曲线将脱离一般发展轨迹，产生跨越式发展（跃迁），表现出超前性（图 4-8）。通常在中国男子篮球职业联赛中，战绩越好，俱乐部越具有竞争力。如 2015—2016 赛季，四川金强蓝鲸俱乐部通过引入外援及更换国内球员，瞬间完成了从弱队到强队的蜕变，实现了多级飞跃，最终实现了夺冠的梦想；再如 2012—2013 赛季美国男子职业篮球联赛球星麦迪的加盟，让青岛国信双星俱乐部品牌效应迅速提升，上座率超过六成、赞助商数量增加、央视转播场次增多等。相反，当俱乐部各资源要素迅速减少或过于落后时，已建立起的核心竞争力将瞬间降低，直到失去原有的竞争优势，如北京首钢俱乐部在取得三连冠之后，由于球员老化、外援选择不理想等因素导致俱乐部战绩迅速下滑，失去季后赛资格，使俱乐部整体效益遭受较大损失。当然，俱乐部核心竞争力的动态轨迹还受环境的

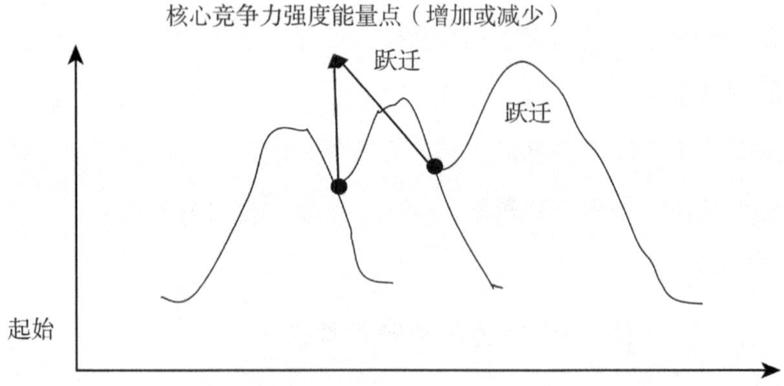

图 4-8 我国职业篮球俱乐部核心竞争力的特殊性动态轨迹

影响，如政策改变、赞助商的更换、赞助资金的变化等因素都会影响核心竞争力的发展。

相对于职业篮球俱乐部一般性动态轨迹而言，特殊性变化对于职业篮球俱乐部核心竞争力发展意义更大，它从理论上揭示核心竞争力的发展需要结合俱乐部的实际情况，对于俱乐部长远发展具有重要作用。

第五节　我国职业篮球俱乐部核心竞争力功能价值

职业篮球俱乐部核心竞争力从无到有以及强弱转换体现着俱乐部综合实力的动态变化。作为职业篮球俱乐部发展的命脉，核心竞争力一旦形成，随之而来的效应转化问题瞬间成为关注的焦点。目前，我国职业篮球俱乐部还面临着不同属性机制，因此俱乐部核心竞争力所创造的价值也呈现出多样性。

一、为俱乐部自身获取直接货币利益

虽然我国职业篮球俱乐部在长期的市场化发展中还未真正展现出自负盈亏的实力，但这丝毫不影响它作为实体化组织在市场中追求最大化的利润。当前，在逐步实现职业化、市场化运作的时期，俱乐部打造核心竞争力的首要目的便是盈利，换句话说，为自身获取更多的经济利益是俱乐部核心竞争力存在的最重要功能价值之一。从市场角度看，俱乐部的经济利益实际上与企业类似，主要有三种形式：第一，直接的货币利润。俱乐部通过提升自身的核心竞争力，从媒体、赞助商、观众等获得利润，如俱乐部通过提高竞赛质量吸引观众，增加票房收入，增加赞

助商数量；打造俱乐部文化品牌，增加广告冠名收入等。第二，篮球协会、政府等部门给予的直接货币奖励。在赛季末夺冠以及战绩较好的球队，篮球协会及政府都将给予资金上的奖励，如 2014 年北京首钢俱乐部夺冠，北京市政府、赞助商及其他团队的奖励高达 3000 万元人民币。第三，俱乐部的固定资产升值（市值）。俱乐部随着自身以及联赛的不断发展，其自身市场价值也在逐步提升，如 2016 年美国男子职业篮球联赛金州勇士队由于近两年的出色表现，市值较上赛季增加 46%。一般俱乐部的市值主要包括球队的转播分成、盈利能力及受欢迎程度、竞技潜力以及体育场所有权等方面，俱乐部核心竞争力的不断提高所形成的市场认可度将不断推动俱乐部市值的增加，对于战绩、区位优势好的俱乐部，投资人前后获得的市值差是相当可观的。目前，由于实力、位置、文化等方面的原因，国内职业篮球俱乐部间的市值差距明显，由于中国男子篮球职业联赛俱乐部多数未上市，还无法估算俱乐部市值，但从俱乐部的转让、变更中可以体现，有的俱乐部自诞生起产权未曾改变，有的俱乐部则多次出现了转让、出售等现象。此外，四川金强蓝鲸俱乐部实现了上市，有力地推动了自身的职业化、规范化与国际化，也为俱乐部核心竞争力的发展提供了动力。

二、为俱乐部及赞助商获取隐性利益

我国职业篮球俱乐部在长期发展中已形成了自己的属性机制，俱乐部的发展动力主要来源于其背后的企业，俱乐部的发展不单单是为自身创造利益，还关系着投资企业的利益，这与美国男子职业篮球联赛俱乐部存在着较大不同。由此可知，俱乐部核心竞争力的价值取向除为俱乐部获取利益外，还包括为俱乐部背后的利益相关者争取更多的隐性利益。所谓的隐性利益是指不以货币直接衡量的额外回报。第一，为俱乐部的控股企业、赞助商们增加曝光率，提升品牌效益。目前，随着转播市场日渐火爆，俱乐部的曝光率陡然上升，这使冠名俱乐部的企业迎来了更大的品牌效益。如央视、青岛电视台以新闻或者直播的形式对青岛国信海天雄鹰俱乐部进行报道，青岛双星集团主营的双星体育用品和双星轮胎，市场效益都非常好。第二，政府在政策、奖励方面的大力支持。由于俱乐部与所在城市形成互利共赢的关系，地方政府通常会对辖区俱乐部进行相应的资助，如南京市出台了《关于加快发展体育产业促进体育消费的实施意见》，明确鼓励和支持体育职业俱乐部发展，对于在南京市注册、冠“南京”队名，参加国际国内职业联赛的职业俱乐部将通过体育产业发展引导资金给予一定的资助，这对于南京同曦大圣俱乐部的发展无疑是有利的。

三、提高国家篮球竞技水平

北京奥运会以后，随着姚明、王治郅等国内优秀球员的退役，我国竞技篮球出现了短暂的滑坡现象。目前，篮球作为普及性强的项目之一，在世界许多国家都已形成了职业联赛，国家队人才也基本来自联赛各俱乐部。职业篮球俱乐部作为培养球员的沃土，理应承担培养优秀球员、提高国家竞技篮球水平的重任。我国篮球职业化以来，俱乐部还未形成稳定的职业化状态，很难为球员的发展提供高水平舞台。目前，中国男子篮球职业联赛虽然有较大提高，但俱乐部为获取优异的战绩，依赖外援现象严重，导致许多国内球员难有较高水平的发挥。因此，俱乐部核心竞争力的建设使国内俱乐部更加健全，资源配置更加合理，无论是对球员的选拔、培养、训练还是对球员的意志品质、职业寿命等都将是有益的，能更好地推动我国竞技篮球的发展。

四、其他社会价值

除了俱乐部自身以及赞助商获得的直接价值外，核心竞争力还存在间接的价值。第一，人文价值。随着现代化良性竞争的推进，球员不再仅仅是俱乐部谋求利益的机器。如今，各俱乐部在比赛与训练中加强了对运动员知识、理念以及身体健康的教育，以此改正球员不良习惯与消极态度；诸如对不良动作的处罚、运动装备的改进、球员受伤的处理等行为都为球员的健康提供了保障。另外，俱乐部核心竞争力的提高，更加考虑到了观众的主观感受，如网络售票、座位的舒适性、福利发放、与球员互动、微博设置评论等都体现了对观众的重视。第二，群众健身价值。俱乐部核心竞争力很大一部分取决于球员竞技能力的提高，球员尤其是球星对于篮球运动的推广效果显著。当前，大众健身意识增强，球员高超的技艺、精彩的表演将引发中青年群体参与篮球活动的热潮。俱乐部核心竞争力很好地迎合了大众体育的方针，履行促进大众健身的使命。第三，其他社会价值。俱乐部核心竞争力包括了竞技表演、品牌、文化等多方面的内容，因此它的提升是全方位的，在发展的过程中，对支持其发展的相关产业，诸如制造业、服务业等行业都将产生积极的作用。此外，俱乐部比赛转播与品牌推广对地方城市知名度的提高也是一种极大的宣传。

第五章

我国职业篮球俱乐部核心竞争力影响变量

我们往往采用内外因结合的方式来分析事物的决定因素，内外因是表明事物运动发展动力与条件之间关系的哲学范畴。因此，在剖析我国职业篮球俱乐部核心竞争力影响因素时既要从俱乐部内部入手，又要注意外部的变化对俱乐部核心竞争力所产生的影响，俱乐部核心竞争力的产生从根本上说是职业篮球俱乐部内外因素交互作用的结果。本章将从俱乐部所面临的内外变量入手，剖析其对核心竞争力的影响（图 5-1）。

第一节　我国职业篮球俱乐部核心竞争力内部变量

一、职业篮球俱乐部有形资源

俱乐部的有形资源是指俱乐部所具有的原始资源及维持俱乐部正常运转的必备要素，一般包括俱乐部资源和区位优势。而俱乐部资源是俱乐部发展核心竞争力的基本载体，构建着俱乐部基本生存环境，主要包

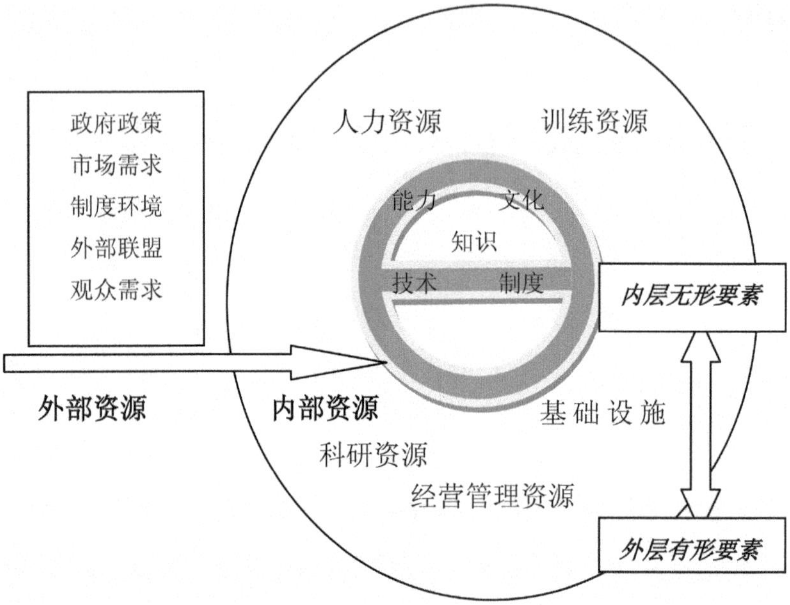

图 5-1　我国职业篮球俱乐部核心竞争力的决定因素

括财务资源、实物资源及劳动力资源等。其中财务资源包括俱乐部的流动性资金；实物资源包括场馆设施、训练条件、经营资料、出行保障等；劳动力资源包括俱乐部各个参与者，如经理、教练员、球员及各部门员工等。区位优势是俱乐部所在地区的空间与经济位置，涵盖了俱乐部周围经济、人口、交通、文化及消费水平等内容，区位优势的累积是俱乐部赖以生存的土壤，也是“扩大再生产”的必要保障。

俱乐部有形资源中的各要素之间并不是独立存在的，而是相互影响、相互促进的，共同决定了俱乐部核心竞争力要素的形成与发展，如劳动要素既可以提高资本要素，即俱乐部的高水平球员可以通过精湛的技艺提高球队竞赛的观赏性，提高战绩，进而吸引观众、赞助商，同样也可以改善俱乐部所在区位，即培养所在地区球迷数量，建立良好持久的看球、品球文化等。而俱乐部的区位优势所带来的信息、机遇、空间能让俱乐部获得更多的收益，如北京、上海、广州等大城市经济、文化、消费水平远高于其他城市，更加有利于提高俱乐部上座率、收视率及增加赞助商等。因此，俱乐部中只有实现各种有形资源的有机契合，才能形成更大的竞争优势。

二、职业篮球俱乐部无形资源

俱乐部的无形资源是相对于有形资源而言的，是俱乐部拥有的无实物形态的可支配性资源，主要包括俱乐部技术、知识、关系、信息、文化、声誉及能力等。技术主要指俱乐部围绕球员培养、训练、比赛及营销开展的一系列操作方法与技能的总称；知识指俱乐部在长期发展中积累的经验，如管理知识、训练知识、运营知识等；关系指俱乐部之间，俱乐部内部球员、员工间的联系与交往；信息指对有利于俱乐部发展的一切事物状态与特征的反映，如训练信息、科研信息、销售信息、球员信息、媒体报道信息等；文化指俱乐部或员工在长期训练、工作中形成的具有鲜明特色的价值观念、标准及行为准则等；能力指俱乐部全体成员完成一项目标或者任务所体现出来的综合素质。

在俱乐部中，与有形资源不同的是，无形资源之间的要素联系更加紧密，组成了一个复杂的系统，其中知识、技术和能力构成无形资源的基础环境，俱乐部通过不断地吸收新知识，进而转化成技术，最终形成持久的能力。当然，在转化的过程中并不是自然转化，而是需要经过各种信息的交互、知识的传递、技术的改造等过程进行的。而文化要素是俱乐部整体能力的升华，也是各要素之间的黏合剂，影响着俱乐部知识、技术、能力的发展程度。声誉或品牌是俱乐部文化的外在反映，一定程度上代表着俱乐部在市场中的价值。

三、有形与无形资源对职业篮球俱乐部核心竞争力的影响

第四章的研究中指出，俱乐部核心竞争力是俱乐部所独具的集合力量或素质。与其他能力相比，它具有典型的本质特征，如系统性、价值性、难以替代性及动态性。从构成单元上看，职业篮球俱乐部核心竞争力构成主要取决于俱乐部内部治理、经营管理、竞技水平、人力资源及文化与学习能力等要素。但从微观层面看，俱乐部核心竞争力实际上就是俱乐部有形资源与无形资源在动态发展中相互整合的结果，俱乐部有形资源与无形资源越多、质量越高，越有利于俱乐部核心竞争力形成。

（一）与系统性特征形成的关系

在企业核心竞争力的形成中，内部要素并不是杂乱无序的，而是按照某一系统规则契合而成。同样，在俱乐部中，核心竞争力的形成也不是一蹴而就，强调的是内外资源整合，如资本、劳动力、技术、知识、能力、文化等各要素协同效应。

1. 俱乐部有效资本的完善与知识、技术、能力等的提高

当前，我国职业俱乐部的发展已经进入新时期，俱乐部在向企业化、市场化转变的过程中，对于人、财、利、物等资源提出更高的要求。随着有效资本的投入，俱乐部逐渐完善了内部建制，形成了集治理、训练、运营、竞赛、青训等于一体的现代化企业发展模式，一些俱乐部通过球馆、基础设施、训练设施的改造实现了俱乐部营销的升级。此外，俱乐部有效资本的投入也带动了其软实力的增加，知识、技术、能力等要素的持续积累让一些俱乐部在训练、竞赛、经营上形成了独特的模式，形成良性循环。

2. 优秀人力资源的产出是多元化的结果

俱乐部人力资源发展水平是俱乐部核心竞争力的重要组成部分，而俱乐部中知识、技术、信息、能力、文化等无形资源与先进的训练设施、恢复手段、科研条件等有形资源的整合，为俱乐部科学培育自身需要的相关人才奠定了基础，如优秀的球员、教练员、球探、赛事管理者等。

3. 俱乐部的协同合作

与企业不同的是，俱乐部的发展离不开与联赛其他俱乐部的相互配合，在合作的过程中可以有效地吸收先进的技术、知识等无形资源，达到各俱乐部资源共享的目的，如先进的数据统计技术、技战术打法、营销手段等无形资源的共享。另外，俱乐部的协同合作还体现在劳动力的流动上，如美国男子职业篮球联赛推行的人才流动制度；每年固定的时间里俱乐部球员可以进行交易，各俱乐部根据自身特点进行交换等，以达到提高自身的目的；市场中教练员、球探、职业经理人等人才的流动也进一步提升了俱乐部的企业化运作。

（二）与价值性特征形成的关系

核心竞争力的价值性是推动俱乐部持续发展的动力源泉。在俱乐部中，核心竞争力的价值及大小决定了俱乐部在市场中的地位，同样也决定了是否可以为俱乐部创造更大的价值。

1. 俱乐部持续获得市场的认可

在俱乐部各种有形与无形资源的整合下所形成的能力是否可以使俱乐部得到更大的竞争优势，还需要得到市场的检验与认可。体现在俱乐部所拥有的观众数量与关注度。俱乐部良好的核心竞争力必然带动俱乐部上座率的提高、市场份额的增加，如北京首钢俱乐部迁址到五棵松，在购票、周边交通等方面有所改善，人流量、球衣销售、赞助商明显增加；青岛国信海天雄鹰俱乐部在引入麦迪后观众显著增加，这些都体现了俱乐部核心竞争力的发展水平。

2. 俱乐部带动区域价值的提升

俱乐部的发展离不开所在地区的区位优势，与此同时俱乐部核心竞争力的发展在提高自身优势获得利益的同时对于所在城市的经济、文化、知名度、群众体育的开展也将起到重要作用，如俱乐部将提高所在地区的知名度，一些观众通过观看比赛，记住了俱乐部所在城市的名称，有利于带动地区旅游业、消费业的发展；俱乐部中的球员进社区，参加公益活动，可以提高青少年对篮球的热情与兴趣，达到群众健身的效果。

（三）与难以替代性特征形成的关系

核心竞争力的不可替代性又称独特性，是企业特殊的且在短时间内不易被模仿的关键性要素。近些年，在联赛中俱乐部间的“军备竞赛”让更多的俱乐部在有形资源方面的差距逐渐缩小，如运动场馆、训练设备、科研水平、医疗保障、信息传媒方面，很难作为难以复制的核心要素来发展自身的核心竞争力。相反，无形资源因具有隐藏性、难以模仿的特点，更容易成为职业篮球俱乐部核心竞争力发展的关键因素，具体表现在以下方面：

1. 俱乐部独特人力资源的形成

在俱乐部中，球员是核心产品，球员水平的高低决定了俱乐部在市场中的竞争力。然而，国内由于球员转会受限，俱乐部将重点放在青训人才的培养上。如广东宏远华南虎俱乐部常年处于联赛前列，这与其所形成的特色培养体系分不开；辽宁沈阳三生飞豹俱乐部地处经济薄弱区域，俱乐部区位优势不强，但俱乐部在竞技水平上依然长期位居联赛强队之列，这归功于其特殊的选材、训练、科研、管理、教育等资源的整合，这些都体现着教练员及工作人员与众不同的知识、技术与能力。

2. 俱乐部经营管理的特殊性

在市场化经济条件下，俱乐部的生存离不开良好的经营，俱乐部激烈的竞技比赛是俱乐部获取经济利益的直接产品，一般俱乐部战绩越好，越容易获得较好的经济利益。但在国内俱乐部中情况却不同，如尽管辽宁沈阳三生飞豹俱乐部战绩较好，甚至获得过总冠军，但俱乐部的效益并不理想；而广州龙狮俱乐部虽长期处于联赛中下游，却实现了盈利，当然这与俱乐部所处的环境有直接关系，更与管理者的经营关系密切。因此，俱乐部核心竞争力的形成更加体现在特殊的经营管理之中。

（四）与动态性特征形成的关系

核心竞争力的多要素组成决定了它作为一个系统性集合时刻处于动态性变化。当前，俱乐部的发展面临市场化的考验，需要根据不同时期市场需求状况做出变化。此外，联赛中俱乐部间的竞争日趋激烈，这也导致俱乐部将时刻做出调整，以保持高水平的核心竞争力。

1. 根据市场及区位不断实现俱乐部竞技、产品等创新

随着社会的发展，我国职业篮球俱乐部所提供的功能与作用还无法满足消费者的需求。生命周期理论告诉我们，核心竞争力并不是一成不变的，而是呈现出波动性，而周期的长短则取决于各要素发展及整合程度，包括人才的引入、产品的升级、技术的创新等。如北京首钢俱乐部在经历三连冠后，市场占有率达到历史顶峰，但之后俱乐部开始进入漫长的重建期，效益也开始下降；而广东宏远华南虎俱乐部在经历短暂的下滑后，再次登上联赛榜首，始终保持了较高的竞争力。

2. 俱乐部的学习、交流与合作频率增加

俱乐部核心竞争力的动态性变化也促使俱乐部内部之间及与外界的联系频率增加，如俱乐部内部业务学习，外部与先进俱乐部交流、与互联网企业的联合等，使俱乐部创新所需要的知识、技术、能力、信息等各种无形资源得到了持续的补充与拓展，大大增加了俱乐部自身创新效率。如俱乐部通过派遣优秀教练员进行学习来丰富俱乐部技战术打法；改造俱乐部基础设施来满足消费者的需求；加强俱乐部文化建设来提高俱乐部员工凝聚力与积极性；学习美国男子职业篮球联赛先进管理经验与经营知识提高俱乐部的运营水平，等等。

第二节　我国职业篮球俱乐部核心竞争力外部变量

一、政府行政干预

我国实行的是计划经济与市场经济相结合的经济体系，政府是最大的调控主体。很显然，一个缺乏稳定及杂乱无序的体系环境是无法让企业或组织实现有效运转的。因此，监管职能成了政府最基本的能力之一。然而，对于我国职业篮球俱乐部而言，政府的影响力远不止这些，还包括政府的保障与调控、积极政策支持等方面。

1. 政府的保障与调控

我国职业篮球俱乐部核心竞争力在于营造精彩的比赛，而良好的比赛环境是其发挥作用的土壤。然而，球迷的不文明行为、假球行为、黑哨现象、打架等行为严重地干扰了俱乐部的发展，这些需要得到政府的干预。此外，市场自发行为引起的弊端也需要政府进行宏观调控，以最大限度减少对俱乐部的影响。

2. 积极的政策支持

在现行体制下从国家体育总局、篮球协会到省市体育局都是影响职业篮球俱乐部发展的权力机关。任何政策的出台都将决定俱乐部核心竞争力的变化轨迹，尤其是有关职业体育发展政策的实施，如国家体育总局《体育发展“十三五”规划》明确提出了要推动职业体育改革；颁布篮球协会外援的引入、球员的转会等政策；地方体育局体育规划中明确关于资源共享，职业体育带动群众体育等内容。这些积极的政策为我国职业篮球俱乐部的生存与发展、核心竞争力的打造提供了更广阔的平台，同时也让职业篮球俱乐部的影响力得到了进一步提升，使命感更加明确。

二、市场供求调节与资源配置

关于市场对企业核心竞争力的影响，理论界给予了广泛的关注，如从生产力分工到社会劳动时间、供求关系、剩余价值等再到竞争、垄断寡头的出现，充分揭示了市场对企业竞争行为以及结果的影响。我国职业篮球俱乐部核心竞争力在于让俱乐部能够长期获得竞争优势，获得社会利益。因此，只有以市场为导向才能使其正确地发挥价值。

（一）市场的基础作用——供给引发价格策略

关于供求与价格的关系，马克思在《资本论》中这样写道：“在竞争和生产无政府状态占统治地位的私有制商品经济中，价值规律通过价格与价值的偏离自发地调节供求关系，供大于求，价格就下落；求大于供，价格就上升。”实际上，这一基础作用已经渗透到我国职业篮球俱乐部核心竞争力的各构成要素中，在诸如球员、教练员等人力资源以及球票、竞赛产品的经营行为上表现尤为突出。首先，球员的价格策略。球员是俱乐部的核心财产，尤其是高质量的球员，如外援长期受市场供不应求的影响，国内体育市场球员价格逐渐上涨，甚至在优秀球员上出现了溢价的现象。由此，俱乐部在球员的引进时需把握住供求关系，要考虑到成本和利润最大化，避免资金过度投入打破了原有的资源配置结构。其次，竞赛产品的价格策略。一般球票的价格会受到区域经济、观众数量的影响而产生波动。人数少、收入低的城市，球队适当地降低价格有利于保证其上座率，在球市火爆的城市则可以适当提高价格来获得更多收益。

（二）市场的特殊行为——资源的配置

市场除了具有定价、影响价格等基础作用外，还具有其特殊行为，这些特殊行为包括产品广告策略、研究与革新行为、设备投资行为、金融策略、资源配置、技术进步等。我国职业篮球俱乐部核心竞争力的建设中，更多地需要借助市场资源配置的作用来实现彼此之间更多的信息共享，以完成俱乐部的改革与创新，这里的资源不仅包括物质基础，更重要的是市场带来的技术、知识、能力等方面的交换。此外，市场表现出的各种竞争行为，如俱乐部理念、训练方式、技战术创新等，始终促使职业篮球俱乐部不断地吸收外界资源以保持核心竞争力的持续更新。

三、制度环境

在诸多研究中，关于“制度环境”一词的研究阐述较少，所谓的制度环境是指一系列用来建立生产、交换、分配基础的基本政治、社会以及法律基础规则。对于我国职业篮球俱乐部而言这是最基础的保障。

国内职业篮球俱乐部的制度环境通常分为两部分：一是联赛外的制度环境，如体制环境（球员培养上属于“举国体制”），球员所有权不易更改，导致难以通过交易实现高质量球员的引入，只能自行培养；二是联赛内的制度环境，如篮球协会的竞赛规定、商务开发权的规定、球员的处理决定以及俱乐部自行制定的规定等。制度环境对我国职业篮球俱乐部核心竞争力的发展至关重要，尤其对于那些本就市场占有率低、缺乏资金支持的私营小型俱乐部的影响更是立竿见影。因此，我国职业篮球俱乐部只有在合理的制度环境下，才能更快、更好地实现职业化发展。

四、外部相关产业

外部相关产业也是影响我国职业篮球俱乐部核心竞争力的发展因素。目前，随着社会技术、资源、知识等日益全球化，原本就相互依存的俱乐部与外部相关产业的关系变得更加密切。职业篮球俱乐部越来越多的经营、管理等活动都离不开诸如其他职业俱乐部、制造商、大众媒体等的支持，如国外俱乐部球员、教练员以及国内不同俱乐部球员的自由转会提高了俱乐部间的整体实力；李宁为俱乐部提供的训练服装、鞋以及训练用球等用品，增强了对职业球员的保护；康比特、力之源等企业提供的运动员营养品，满足了球员能量需求；美国男子职业篮球联赛俱乐部先进的管理经验为我国职业篮球俱乐部的发展提供了借鉴；国外先进的训练方法、手段的引入有助于提高国内球员技战术水平等。这些都不同程度体现了外部相关产业对我国职业篮球俱乐部的相关支持情况，为职业篮球俱乐部核心竞争力的发展提供了资源，甚至直接引入变成了俱乐部核心竞争力的一部分。总之，我国职业篮球俱乐部核心竞争力的发展得益于不同产业单位的分割增益链，更加有利于不同企业、俱乐部间的垂直分工体系与横向协调发展。

五、观众需求

自20世纪职业俱乐部诞生，如何吸引观众与迎合观众的需求成为职业俱乐部一直考虑的问题。很显然，无论从直觉还是理论分析，观众都是我国职业篮球俱乐部发展的主基调，可以说没有观众也就没有收益，当然更不存在所谓的职业篮球俱乐部核心竞争力问题。早在20世纪70年代，戴蒙特、哈特等在研究足球、棒球、篮球项目中引入了计量经济学对观众进行统计，发现观众的需求与当地的人口统计以及观众居住的位置存在线性关系。而拜姆布里奇、道森等人研究年度观众模型时发现球票价格、收入与兴趣对观众需求影响较大。李可的研究表明，观众对比赛的满意度是影响观众对赛事需求的主要因素，这些满意度具体包括篮球赛事的精彩程度、有无明星的参与以及场地设备、便利条件等方面。此外，篮球比赛的吸引力、自身的经济因素、观众对于某一队的认可程度等因素也是观众上座率的影响因素（表5-1）。以上，都不同程度表明了观众需求对于俱乐部发展的影响。

表5-1　体育比赛中观众上座率影响因素

主要研究者	具体影响因素
雷吉娜（Regina，2002）	门票的销售方式、促销方式、客队的实际水平、主队表现、其他不确定因素等
珍妮特·S. 芬克（Janet S. Fink，2003）	社会动机、技术动机
汪文君、王然科（2005）	比赛吸引力、观众动机、观众对于某一队的认可程度

续表

主要研究者	具体影响因素
周岩锋（2006）	观众的动机、明星效应、观众参与意识、联赛水平等
张丽、黄石峰（2007）	比赛精彩程度、主队表现、主队获胜率、基础设施
王跃、李荣日（2014）	观众动机因素、可替代品因素、体育场馆因素、营销策略因素
苏建军（2014）	外援的人格魅力、技战术水平、赛事的观赏度、观众心理、中国男子篮球职业联赛赛事品牌

事实上，影响观众需求的因素也正是影响职业篮球俱乐部核心竞争力的要素。换句话说，观众的需求是什么，俱乐部就要着重提高什么，如通过提高比赛质量、营造明星球员、建造场馆来增加观赏性，推出一系列优惠活动或者降低球票的价格来吸引观众等。从关系上看，职业篮球俱乐部与观众是一种互相促进、互利共赢的合作关系，而核心竞争力实际上是在两者的博弈之间充当一种特殊的媒介，俱乐部通过完善自身的核心竞争力以达到长期、持久地拥有众多观众的目的。观众可以使职业篮球俱乐部获得长期盈利能力，包括俱乐部的直接利益，诸如球票、场馆、球衣等收入，还包括未来赞助商的加盟赞助、广告等附加延长效应等。据不完全统计，自 2008 年中国男子篮球职业联赛观众上座率首次突破 100 万人次大关，到 2015 年的 179 万人次，俱乐部场均上座率超过 4700 人，而 2017—2018 赛季达到 300 万人次。电视转播、相关网站视频浏览量、报纸报道量、赞助商等大幅度增加，关注度持续走高，这些都是职业篮球俱乐部不断发展与扩大的动力，有助于俱乐部核心竞争力的不断更新与发展。

第六章

我国职业篮球俱乐部核心竞争力评价体系研究

第一节　我国职业篮球俱乐部核心竞争力评价体系

一、我国职业篮球俱乐部核心竞争力评价要素

在对我国职业篮球俱乐部核心竞争力进行评价之前，首先要明白评价体系的构成要素，这对于评价体系科学准确的建立具有重要意义。通常一个评价体系主要包括评价者、评价对象、评价指标、权重系数以及综合评价模型。下面对中国男子篮球职业联赛俱乐部核心竞争力评价体系要素进行说明：①评价者。直接从事评价的相关人员，任务是明确评价目的，选择评价指标，计算权重，建立模型等。②评价对象。我国职业篮球俱乐部核心竞争力。③评价指标。能够较为全面地反映我国职业篮球俱乐部核心竞争力的各项指标。④权重系数。对职业篮球俱乐部核心竞争力各项指标进行比较，体现指标相对重要性的概念。

二、我国职业篮球俱乐部核心竞争力评价目的及意义

我国职业篮球俱乐部核心竞争力评价体系的建立，是为了对俱乐部的发展做出准确的价值判断，通过合理的指标以及计算方式从影响俱乐部发展的核心要素入手，对核心要素呈现出清晰的评价网络结构，目的是为管理者提供有力的决策依据，提高俱乐部的发展水平。

俱乐部核心竞争力评价的重要意义：一是有利于引导俱乐部的科学性发展，为俱乐部的战略决策、定位以及方向指引道路；二是对各俱乐部现有的发展状况进行评价，寻找优势，改进不足，提高俱乐部竞争力；三是促进俱乐部间的高水平竞争，评价机制让俱乐部有据可依，提高俱乐部整体质量，从而有利于提高联赛的竞争力水平。

三、我国职业篮球俱乐部核心竞争力评价指标设计

（一）评价指标设计原则

职业篮球俱乐部虽然类似于传统企业，但在发展过程中依然有着自己独特的运行环境与模式，常规的评价原则固然具有较好的引导作用，但不是能合理、深入及全面地指导俱乐部的指标体系。所以在建立评价指标体系之前，我们需要更好地罗列出适合俱乐部的基本以及特殊性评价原则，基本的评价原则即宏观上评价事物发展的原则，如科学性与实际性原则、可操作性与规范性原则等；特殊性原则是与我国职业篮球俱乐部核心竞争力评价指标紧密结合的原则。

1. 科学性原则

任何评价体系的建立都必须遵循科学性原则，这是最基本的原则，失去了科学性便失去了研究的意义。在实践中，科学性原则主要体现在

理论与实践相结合以及采用方法的科学性上。因此，在评价我国职业篮球俱乐部核心竞争力上要时刻把握住核心竞争力的本质，把握住相对稳定与不断变化、俱乐部内部与外部要素、评价指标的真实与合理等方面，让评价体系建立在科学的理论指导下，反映出俱乐部核心竞争力的真实情况。

2. 系统优化原则

系统优化最早是针对计算机系统管理提出的，如今开始大量应用于社会学的研究领域。在评价体系的研究中，追求简练、有效、节约是主要方向，而评价指标的复杂性、重叠性恰恰是最大的障碍，让评价体系实现完美科学的简化，需要遵循系统优化原则。

3. 通用可比性原则

通用可比性原则主要是研究对象的横向与纵向对比，研究内容本身就是一个动态的事物，它需要与不同时期的自身对照以及与其他俱乐部的对比，不断完善、修改才能保证各俱乐部核心竞争力的活性。

4. 目标导向原则

在职业篮球俱乐部核心竞争力评价体系中，目标是分析出当前各俱乐部存在的问题，针对反馈问题进行不断地修改，力求靠近评价目标。从长远看，评价体系的建立在提高俱乐部核心竞争力的同时也将促进整个联赛的发展。

5. 与国内职业篮球发展相适应的原则

在指标体系的建构中，指标的选择需要考虑到我国篮球发展的大环境，如俱乐部发展的市场需求、国家相关政策法规、人力资源输入与输出等，指标要具有灵活性和发展性，能够随着大环境的变化及时地做出修改。目前，中国男子篮球职业联赛正处于发展期，竞技水平也在不断地提高，评价体系需要紧跟联赛的发展规律，超前或滞后势必会影响评价体系的价值。

（二）评价指标设计方法

核心竞争力是一个复杂的集合体，长期以来对于它的评价难以达成一致，尤其是在指标的选择上，如何才能更好地识别核心竞争力，评判核心竞争力的好坏成为当前研究中的技术难题。我国职业篮球俱乐部评价体系是俱乐部用于评估自身运行的手段。本节在大量搜集相关文献以及结合俱乐部自身特点的基础上，归纳出职业俱乐部核心竞争力的指标设计大致有以下几种方法。

1. 专家评估法

专家评估法是通过让相关领域的多名专家在自身经验和学识基础上通过一定的方式对职业篮球俱乐部核心竞争力的评价指标进行评判打分，删除或增加相关指标，以达到评价体系完整性的目的，该方法具有较强的实际操作性和变通性。运用专家评估法的优势在于针对性强，能够根据具体情况具体分析，但缺点在于其主观性强，定性与定量方法结合不够。

2. 综合法

对于俱乐部核心竞争力评价体系，综合法显得尤为重要。俱乐部在决策时往往需要考虑各种复杂的因素。利用综合法，需要从俱乐部核心竞争力的要素整体出发，把握俱乐部的本质与发展规律，它绝不是主观地、任意地把俱乐部核心竞争力的各个要素简单地拼合在一起，而是按照各个要素在俱乐部核心竞争力中的有机联系从总体上去把握它们的未来发展动向。

3. 数理统计法

数理统计法是以概率论为基础，运用统计学的方法对研究数据进行分析，寻找数据间的相关规律，如相似性、相关性、偏移度等，相比于专家评估法，它具有客观、公正的特点。目前，通用的统计学方法主要有因子分析法、主成分分析法、聚类分析法、多元回归法等。

4. 逻辑分析法

逻辑分析法主要是在“语言转向”之后出现的分析哲学、科学哲学中使用的分析方法，包括比较、分析与综合、推理等方式。本书属于社会学研究范畴，其中概念的比较、数据的对比、相关指标的整理、关系递进以及研究内容整合等都需要进行系统的逻辑分析才能抓住研究本质。

5. 定性与定量结合法

在我国职业篮球俱乐部核心竞争力的评价中，完全的定性研究虽然具有较大的弹性空间，可以照顾到俱乐部的实际情况，但是终归缺乏科学性；而完全的定量研究，则无法掩盖核心竞争力在职业体育中的空白，没有相对的评价变量可以套用。因此，定量与定性结合法是研究的主要方法之一。

四、我国职业篮球俱乐部核心竞争力评价体系指标的收集

（一）我国职业篮球俱乐部核心竞争力评价指标预选集

在查阅大量相关文献，并咨询国内篮球研究领域的相关专家和学者，同时走访国内北京首钢、青岛双星、广东宏远、山东高速等多家职业篮球俱乐部后，初步拟定出我国职业篮球俱乐部核心竞争力评价指标预选集（表6-1）。

表 6-1 我国职业篮球俱乐部核心竞争力评价指标预选集

代号	一级指标	代号	二级指标	代号	三级指标
A1	俱乐部内部治理能力	B1	俱乐部产权		
		B2	俱乐部责权		
		B3	俱乐部治理机制		
		B4	俱乐部权职设置与划分		
		B5	俱乐部组织结构建设		
		B6	俱乐部利益相关者调控		
		B7	俱乐部个人与整体协调反馈		
		B8	俱乐部权职系统		
		B9	俱乐部法人规范		
		B10	俱乐部组织形态		
		B11	俱乐部组织设计与革新能力		
A2	俱乐部经营与管理能力	B12	俱乐部经营战略抉择与实施		
		B13	俱乐部资源配置与调度		
		B14	俱乐部经营团队结构配置		
		B15	俱乐部章程与管理制度		
		B16	俱乐部资金运营		
		B17	俱乐部市场拓展与贡献		
		B18	俱乐部公共关系处理		
		B19	俱乐部观众服务与广告宣传		
		B20	俱乐部整体运营协调能力		
		B21	俱乐部球票与产品销售		
		B22	球票、场馆运营、商标冠名		
		B23	比赛、产品革新能力		
		B24	俱乐部市场应变能力		

续表

代号	一级指标	代号	二级指标	代号	三级指标
A3	俱乐部综合竞技能力	B25	俱乐部与个人竞技能力	C1	球员的年龄结构
				C2	球员的更新方式
				C3	球员体能储备
				C4	球员技战术能力
				C5	球员心智水平
				C6	教练员团队水平
				C7	球队的集体效能
		B26	训练与比赛水平	C8	球队训练内容质量
				C9	球队的整体磨合程度
				C10	教练员临场指挥调度
				C11	球员竞赛水平发挥
				C12	球队整体配合能力
				C13	规则、裁判判罚解读
				C14	新训练法适应
		B27	俱乐部科研水平	C15	科研人、财、物投入
				C16	科研团队构建
				C17	技战术创新与产出
				C18	俱乐部技战术制定
				C19	俱乐部情报搜集能力
				C20	球员培养与提升能力
				C21	运动员身体指标监控
				C22	俱乐部信息系统建设
				C23	技战术打法创新
				C24	定期培训交流

续表

代号	一级指标	代号	二级指标	代号	三级指标
A4	俱乐部人力资源管理能力	B28	俱乐部管理层变更与效能		
		B29	俱乐部利益分配与激励		
		B30	俱乐部员工绩效考核		
		B31	员工岗位培训与开发		
		B32	俱乐部人力资源发展与提升机制		
		B33	俱乐部教练员更替		
		B34	俱乐部人才梯队建设		
		B35	俱乐部球员流动		
		B36	俱乐部绩效考核		
A5	俱乐部文化与学习能力	B37	俱乐部的价值与理念		
		B38	俱乐部集体凝聚力		
		B39	俱乐部组织学习策划能力		
		B40	俱乐部的集体效能		
		B41	俱乐部文化价值		
		B42	俱乐部内部制度		
		B43	俱乐部持续创新反馈		
		B44	俱乐部可持续能力		
		B45	俱乐部成员自主学习		

（二）我国职业篮球俱乐部核心竞争力评价指标预选集解析

1. 内部治理能力指标

虽然我国职业俱乐部并不像企业那样具有较为复杂的结构系统，但俱乐部的内部治理依然需要从企业内部治理里汲取必要的内容。中国男子篮球职业联赛发展的20年里，我国职业篮球俱乐部的权责矛盾严重，各种出资机构错综交织在一起，成为该时期影响俱乐部内部治理的主要因素。该时期，以内部治理为主的研究主要集中于治理结构、俱乐部特征、治理机制、俱乐部委托与代理、所有权结构和法人治理机构等方面。此后，随着俱乐部的不断完善，该问题有所缓解。以私营企业为主要力量的俱乐部开始逐渐增加，俱乐部更换企业的频率开始降低，俱乐部的内部治理有所提高，俱乐部所有权、经营权、股东、总经理、教练员和运动员的人力资源管理等成为俱乐部治理机制的主要内容。另外，欧美职业篮球俱乐部在产权、部门设置、权力分配等方面的有序性也是我国俱乐部内部治理所需要借鉴的。因此，本研究在俱乐部内部治理评价中，主要选取了俱乐部责权、出资结构、权职设置、组织机构、组织形态等指标。

2. 经营管理指标

经营管理是我国职业篮球俱乐部中核心竞争力最重要的组成部分，贯穿于俱乐部各个环节中，从俱乐部战略的制定、实施到比赛的销售；从俱乐部组织内部的协调与优化再到俱乐部各部分的协调配合，都是职业篮球俱乐部经营管理能力的具体体现，它的好坏直接决定着俱乐部的收益。近些年，以俱乐部经营管理为主题的研究较多，如对经营现状、经营战略、管理创新、经营模式等。通过对相关文献的研究，发现在职业篮球俱乐部经营管理的研究中，以策略的制定、组织机构、资源配置、产品的运营、球票的销售、广告的宣传、市场的开发等内容尤为突出。为此，在对诸多研究的基础上结合俱乐部的实际情况，确定了相关指标，具体包括俱乐部战略、俱乐部资源配置、俱乐部广告、市场拓展与开发等指标内容。

3. 人力资源管理指标

人力资源是职业篮球俱乐部的核心资产，对于职业篮球俱乐部而言，拥有更多的高质量人才不但可以在短时间内提升核心竞争力，还可以在长期形成俱乐部品牌效应。长期以来，研究多数集中在球员技战术能力上，关于职业篮球俱乐部人力资源为主题的研究不多，研究点主要包括人力资源评估机制、人力资源再造流程、人力资源价值计量等，这些研究在内容上几乎都是以俱乐部球员的权利、输出效率、价值评估以及教练员绩效评估等为主，研究内容较窄。事实上，人力资源还包括管理层、员工等人群，他们在企业人力资源的研究中已经受到重视，而在我国职业篮球俱乐部中鲜有涉及。因此，本研究中职业篮球俱乐部的人力资源管理的指标既要来源于职业篮球俱乐部中，又要深入企业。涉及指标有球员与教练员流动、管理层的效能、梯队建设、员工的岗位培训与开发、劳资关系、薪酬福利管理、员工绩效考核等指标内容。

4. 综合竞技能力指标

竞技综合水平是职业篮球俱乐部核心竞争力最核心、最复杂的要素之一。俱乐部各环节的完善都是致力于俱乐部竞技水平的提高。它是俱乐部赢取更多的比赛、赚取利益的内在动力。从研究中发现，众多管理层、教练、研究学者多数集中于俱乐部的战绩、盈利等方面的研究，如球员体能以及技战术研究，教练员执教的心理状态的研究，比赛的节奏、负荷以及战术分析，球员心理特征的研究等。而对俱乐部整体上的研究却很少，如俱乐部整体竞技水平发展状况、科研能力、技战术革新能力、情报搜集等。这些对俱乐部整体效率的产出影响较大，这种影响是长期且一直存在的。在借鉴众多学者研究内容的基础上，并在咨询相关专家意见下形成了以下指标，包括俱乐部整体与球员个人的竞技能力、俱乐部的科研水平以及俱乐部的训练与比赛水平等指标内容。

5. 文化与学习能力指标

职业篮球俱乐部文化与学习能力对于俱乐部核心竞争力的提高、实现自身目标的意义已被越来越多的人士所认识与认可，尤其是“豪门”

俱乐部，更加具有文化底蕴。从20世纪80年代开始，心理学和社会学都为俱乐部中的个人行为和俱乐部形成自身文化提供了许多有用的指导。如今，关于职业篮球俱乐部文化与学习的重要性，更加得到了研究者的证实。陈喜珍在俱乐部文化中，着重研究了俱乐部管理层、价值观制度设施等内容，认为俱乐部文化是俱乐部转型期的关键内容。李滨认为俱乐部中的组织文化是在俱乐部发展的长期实践活动中形成的，影响着俱乐部的绩效、战绩等方面。此外，还有国内专家从精神、制度、行为等领域就俱乐部文化展开了研究。这些都为职业篮球俱乐部文化与学习能力指标的选取提供了依据。俱乐部的文化指标包括理念、价值取向、集体效能等内容，而学习能力则主要体现在球员、教练员以及管理者的反馈能力、改进能力、集体组织学习能力等方面。

五、我国职业篮球俱乐部核心竞争力评价指标体系确定

（一）评价指标体系确定的方法

在现代的评价研究中，评价指标体系的获取一般采取主观定性与客观定量相结合的方法，既能够保证指标贴近实际需要，又可以避免过于主观导致的偏差。常用的方法包括德尔菲法以及多元统计法。

1. 德尔菲法

该方法主要是依赖于相关领域专家，通过自己经验及知识进行判断。本研究指标的确定历经两轮筛选，首先，在专家访谈的基础上确定原始指标体系集。其次，将原始指标体系编制成问卷由相应专家进行筛选，剔除不合理的指标，形成体系表。最后，将筛选后形成的指标体系再次制成问卷由俱乐部管理层、教练员及球员进行筛选，形成最终的指标体系。

2. 多元统计分析法

通常经过初选以及相关专家二次筛选后，评价指标体系指标的科学性基本上能够得到一定的保证。但是依然存在如下问题：第一，部分指标间可能存在相似性；第二，指标数量偏多。因此，在本书中采取了相关系数筛选，即确定一个临界值，当指标间的系数高于临界值时，即删除其中一项指标，反之保留两项指标。

以上两种方式相结合是最终确定指标体系的方式，当然由于核心竞争力本身具有动态化、多样化的特点，虽然经过指标的多次筛选，但难免有所疏漏，今后需要不断地查缺补漏。

（二）评价指标体系的形成过程

1. 专家人员的确定

本研究的专家选取条件主要包括以下方面：①从事篮球领域及管理领域研究 5 年以上且具有副高以上职称；②职业篮球俱乐部总经理、常务副总等主要管理人员；③中国篮协、省市篮球管理中心相关负责人。按上述条件选取 36 位专家进行问卷调查（表 6-2）。

表 6-2 本研究中专家基本情况一览表

学科或工作领域	专家人数（n）	职称或职务或文化程度	从事相关研究或管理平均年限（年）
篮球专业研究	10	教授 7 人，副教授 3 人（博士 8 人）	18.5
体育管理学研究	2	教授 2 人（博士 2 人）	20.5
俱乐部管理层	20	总经理 14 人，常务副总 2 人，领队 4 人	5.4
体育行政部门	4	处级领导 2 人，科级 2 人	7.6

2. 调查阶段划分

第一轮问卷调查阶段：针对访谈、文献研究等方法所收集的中国男子篮球职业联赛俱乐部核心竞争力评价指标预选集，按照“同意”“不同意”“修改与建议”三个选项，让专家进行第一轮筛选，并对结果进行整理与修改。

第二轮问卷调查阶段：对第一轮专家调查结果进行修改整理后，依据李克特量表中的“非常同意（5）”“同意（4）”“不一定（3）”“不同意（2）”“非常不同意（1）”评分标准，由专家对各指标作二轮筛选，并整理与修改相关指标，形成最终评价指标体系。

第三轮问卷调查阶段：根据已确定的中国男子篮球职业联赛俱乐部核心竞争力评价指标体系，按照一级、二级、三级指标层分别设计表格，让专家进行两两指标重要程度比较，得出两者倍数关系，为后续层次分析法计算权重系数做准备。

3. 专家积极系数

专家积极系数代表本研究领域中专家对研究的关心与合作程度。通常，调查问卷的回收率超过70%以上视为良好，适合研究。本研究中三轮专家积极系数分别为92.5%、93.75%、93.2%，反映了专家良好的支持度（表6-3）。

表6-3　本研究中专家积极系数一览表

学科或工作领域	发出调查问卷数量			回收调查问卷数量			回收率%		
	第1轮	第2轮	第3轮	第1轮	第2轮	第3轮	第1轮	第2轮	第3轮
篮球专业研究	10	10	10	10	10	8	100	100	80
体育管理学研究	2	2	2	2	2	2	100	100	100

续表

学科或工作领域	发出调查问卷数量			回收调查问卷数量			回收率%		
	第1轮	第2轮	第3轮	第1轮	第2轮	第3轮	第1轮	第2轮	第3轮
俱乐部管理层	20	14	14	14	14	13	70	100	92.8
体育行政部门	4	4	3	4	3	3	100	75	100
合计	36	30	29	30	29	26	92.5	93.75	93.2

4. 指标筛选结果与分析

（1）第一轮专家筛选结果与分析

本轮调查研究主要将访谈咨询中形成的职业篮球俱乐部核心竞争力评价指标预选集，分三级指标设计到问卷中（附对内容的解释），并在三级的每项指标后分别设计“同意”“不同意”“ 建议与修改”三个选项，专家根据自己的学识和经验进行选择，对指标打“√”“×”，另外，还可以根据要求提出具体的建议。汇总专家意见，并按照专家总体同意率为66.7%以上（多数原则）为第一轮筛选保留内容。

①剔除指标。二级指标中的“俱乐部法人规范”“俱乐部组织形态”“俱乐部组织设计与革新能力”“俱乐部资源配置与调度”“俱乐部球票与产品销售”“俱乐部市场应变能力”“俱乐部员工绩效考核”“员工岗位培训与开发”“俱乐部的集体效能”“俱乐部文化价值”；三级指标中的“俱乐部技战术制定”“科研团队构建”“定期培训交流”指标被剔除。

②增加指标。二级指标中“俱乐部品牌形象与塑造”“俱乐部球员人本文化”“俱乐部宣传与仪式文化”“俱乐部设施与环境”指标被增加。

③修改指标。二级指标中的“俱乐部产权”与“俱乐部责权”合

并改为“俱乐部产权与责权”，“俱乐部章程与管理制度”改为“俱乐部运营制度”，“俱乐部资金运营”改为“俱乐部收益与流向平衡性”，“俱乐部市场拓展与贡献”改为“俱乐部市场拓展力”，“俱乐部观众服务与广告宣传”改为“俱乐部观众服务与维护”，“球票、场馆运营、商标冠名”与“比赛、产品革新能力”合并改为“俱乐部核心产品创造与延伸”，“俱乐部内部制度”改为“俱乐部制度与行为文化”。

（2）第二轮专家筛选与指标确定

为进一步完善职业篮球俱乐部核心竞争力评价指标内容，提高内容的科学性、合理性，按照德尔菲法的流程，对一轮筛选后的指标进行修改与整理，形成了一级指标 5 项、二级指标 37 项、三级指标 21 项的指标体系，并再次编制成问卷，请上述专家再次审定筛选。在问卷中，根据李克特量表评分法，按照“非常同意”“同意”“不一定”“不同意”“非常不同意”，分别记为 5、4、3、2、1 的分值，然后每项内容均以“专家意见集中度”与“专家意见协调度”为依据进行内容的筛选，具体方法如下。

①专家意见集中度。通过计算各项内容的算术平均值（M）来分析专家意见的集中程度，计算公式如下：$M=(X_1+X_2+X_3+X_4+X_5+\cdots+X_n)/N$，通常以得分为 3.5 或总分的 70%的内容作为入选依据。

②专家意见协调度。通过计算各项内容的变异系数（$C \cdot V$）来分析专家意见的协调度，计算公式如下：变异系数（$C \cdot V$）=（标准偏差/平均值）×100%，其中值越小说明专家意见的协调度越高，反之越低，而当变异系数大于 0.15，则数据可能不正常，应该剔除。

根据上述计算原理，研究中计算了第二轮专家咨询的第一、二、三级内容的“专家意见集中度”“ 专家意见协调度”结果。结果显示，二级指标中“俱乐部权职系统”“俱乐部个人与整体协调反馈”“俱乐部组织学习策划能力”“俱乐部可持续能力”指标及三级指标中“技战术打法创新”“新训练法适应”指标呈现的专家意见集中度值低于3.5，专家意见协调度值高于0.15，所以本研究将这些内容剔除。

根据专家的第二轮筛选，对专家们的结果进行进一步整理与精炼，最终将我国职业篮球俱乐部文化体系的内容体系划分为一级指标5项，二级指标33项，三级指标19项（表6-4）。

六、我国职业篮球俱乐部核心竞争力权重的确定

（一）我国职业篮球俱乐部核心竞争力权重计算方法的选择

如今，大数据已经成为科研领域的重要手段，尤其表现在数据评价的研究中，从现有的关于核心竞争力评价的研究来看，主要包括定性研究、定量研究以及定性、定量研究相结合的方法，即在内容上采用主观赋权法或客观赋权法，具体的研究方法包括德尔菲法、层次分析法、RSR评价法等（表6-5）。

本书评价方法的选择结合我国职业篮球俱乐部核心竞争力的特点以及评价指标的特性，具体表现在：①职业篮球俱乐部核心竞争力的多数指标无法用数据得到体现，只能采取专家打分的方式，定量数据较少；②核心竞争力属于系统性概念，该指标维度具有系统性；③各项指标都需要量化，尤其是子指标与目标指标的关系。根据以上特点，研究中选择了层次分析法。层次分析法是20世纪70年代美国运筹学家提出的一种定量与定性相结合的评价方法，它的优点有：①系统性的分析方法；②简洁实用的决策方法；③所需要的定量数据信息少。层次分析法很好地迎合了对当前职业篮球俱乐部核心竞争力评价的特点。

表 6-4 我国职业篮球俱乐部核心竞争力评价指标体系集

代号	一级指标	代号	二级指标	代号	三级指标
A1	俱乐部内部治理能力	B1	俱乐部产权与责权		
		B2	俱乐部治理机制		
		B3	俱乐部权职设置与划分		
		B4	俱乐部组织结构建设		
		B5	俱乐部利益相关者调控		
A2	俱乐部经营与管理能力	B6	俱乐部经营战略抉择与实施		
		B7	俱乐部品牌形象与塑造		
		B8	俱乐部经营团队结构配置		
		B9	俱乐部运营制度		
		B10	俱乐部收益与流向平衡性		
		B11	俱乐部市场拓展力		
		B12	俱乐部公共关系处理		
		B13	俱乐部公共关系与顾客维护		
		B14	俱乐部整体运营协调能力		
		B15	俱乐部核心产品创造与延伸		

续表

代号	一级指标	代号	二级指标	代号	三级指标
A3	俱乐部综合竞技能力	B16	俱乐部与个人竞技能力	C1	球员的年龄结构
				C2	球员的更新方式
				C3	球员体能储备
				C4	球员技战术能力
				C5	球员心智水平
				C6	教练员团队水平
				C7	球队的集体效能
		B17	训练与比赛水平	C8	球队训练内容质量
				C9	球队的整体磨合程度
				C10	教练员临场指挥调度
				C11	球员竞赛水平发挥
				C12	球队整体配合能力
				C13	规则、裁判判罚解读
		B18	俱乐部科研水平	C14	科研人、财、物投入
				C15	技战术创新与产出
				C16	俱乐部情报搜集能力
				C17	球员培养与提升能力
				C18	运动员身体指标监控
				C19	俱乐部信息系统建设

续表

代号	一级指标	代号	二级指标	代号	三级指标
A4	俱乐部人力资源管理能力	B19	俱乐部管理层变更与效能		
		B20	俱乐部利益分配与激励		
		B21	俱乐部人力资源发展与提升机制		
		B22	俱乐部教练员更替		
		B23	俱乐部人才梯队建设		
		B24	俱乐部球员流动		
		B25	俱乐部绩效考核		
A5	俱乐部文化与学习能力	B26	俱乐部的价值与理念		
		B27	俱乐部集体凝聚力		
		B28	俱乐部球员人本文化		
		B29	俱乐部宣传与仪式文化		
		B30	俱乐部制度与行为文化		
		B31	俱乐部设施与环境		
		B32	俱乐部持续创新反馈		
		B33	俱乐部成员自主学习		

表 6-5 各综合评价方法优缺点比较

分类	评价方法	优点	缺点
主观赋权	德尔菲法	靠专家的经验，取长补短更加贴近实际	难以解决评价指标间的重复性，主观性大
	层次分析法	系统性分析较好，定性与定量相结合，用于决策较多	计算较为复杂，定性研究较多
客观赋权	熵值法	依靠指标的变异程度确定指标权数，客观性	忽略指标本身的重要程度，不能减少指标维度
	变异系数法	不改变数据自身的特性，适用于各构成要素内部指标权数的确定，是一种客观赋权的方法	不能体现数据特性以及数据间的关系
	TOPSIS	评价对象广泛，原始数据利用充分，计算不复杂	评判结果不具唯一性，需要产生最优、劣值，不能解决指标重复问题
	RSR 评价法	适用范围广，结果准确，医学领域应用较多	利用原始数据的秩次，结果与原始顺位间的差距无关
	主成分分析法	减少指标量，变量综合性好	需要大样本量、评价结果偏差性大
	模糊评价法	根据多个层次解决问题，克服唯一性解释	不能解决指标的重复性、计算方法有待提高

（二）我国职业篮球俱乐部核心竞争力的层次分析性评价

1. 明确研究问题与层次结构

在使用层次分析法进行研究和分析时，首先要对研究问题具有明确的认识，厘清问题的范围以及包含的主要内容，确定各因素的主要关系。明确层次结构是将研究内容从最高层的目标层到中间层的准则层再到最底层的方案层依次按关系结构排列好。本研究中，研究问题即职业篮球俱乐部的核心竞争力，包含的因素共计五个部分，关系层共三层，相互之间为隶属层次关系。

2. 建立两两比较的判断矩阵

在层次分析法中，为了使判断定量化，需要确定相对于评价因素的指标间的重要程度，两个指标进行比较需要遵循 1~9 标度方法，对不同情况的评比给出数量标度（见表 6-6）。

表 6-6　判断矩阵标度及其含义

标度	定义与说明
1	两个元素对某个属性同样重要
3	两个元素比较，一元素比另一元素稍微重要
5	两个元素比较，一元素比另一元素明显重要
7	两个元素比较，一元素比另一元素重要得多
9	两个元素比较，一元素比另一元素极端重要
2，4，6，8	表示需要在上述两个标准之间折中时的标度
$1/b_{ij}$	两个元素的反比较

3. 层次单排序以及一致性检验

层次单排序反映的是次级指标对主指标的干预程度，用权值表示影响程度。例如，将一个目标作为整体 1，各组成元素分别为 w_1，w_2，w_3

$\cdots w_n$，得出成对比较矩阵。

$$A=\begin{bmatrix} 1 & \frac{w_1}{w_2} & \cdots & \frac{w_1}{w_n} \\ \frac{w_2}{w_1} & 1 & \cdots & \frac{w_2}{w_n} \\ \vdots & \vdots & \vdots & \vdots \\ \frac{w_n}{w_1} & \frac{w_n}{w_2} & \cdots & 1 \end{bmatrix} \Longrightarrow \frac{w_i}{w_j}=\frac{w_i}{w_k}\cdot\frac{w_k}{w_j} \qquad 6-1$$

若成对比较矩阵是一致阵，则取对应于最大特征根 n 的归一化特征向量 $\{w_1, w_2, w_3, w_4, \cdots, w_n\}$ 且 $\sum_{i=1}^{n} w_i$，w_i 表示下层第 i 个因素对上层某因素影响程度的权值。若成对比较矩阵不是一致阵，萨蒂等建议用其最大特征根对应的归一化特征向量作为权向量 w，则 $aw=\lambda w$，$w=\{w_1, w_2, \cdots, w_n\}$。由于 λ 连续地依赖于 a_{ij}，则 λ 比 n 大得越多，A 的不一致性越严重。用最大特征值对应的特征向量作为被比较因素对上层某因素影响程度的权向量，其不一致程度越大，引起的判断误差越大。因而可以用 $\lambda-n$ 数值大小来衡量 A 的不一致程度。定义一致性指标为：$CI=\frac{\lambda-n}{n-1}$，其中 n 为 A 的对角线元素之和，也为 A 的特征根之和。定义随机一致性指标 RI（表 6-7），随机构造 100 个成对比较矩阵 A_1，A_2，$\cdots$，A_{100}。

$$RI=\frac{CI_1+CI_2+\cdots CI_{500}}{500}=\frac{\frac{\lambda_1+\lambda_2+\cdots+\lambda_{500}}{500}-n}{n-1} \qquad 6-2$$

表 6-7 平均随机一致性指标 *RI* 表

N	1	2	3	4	5	6	7	8	9	10	11
RI	0	0	0. 58	0. 9	1. 12	1. 24	1. 32	1. 41	1. 45	4. 49	1. 51

一般地，当一致性比率 $CI=\dfrac{\lambda-n}{n-1}<0$ 时，认为 A 不一致程度在容许的范围之内，可以用其归一化特征向量作为权向量，否则要重新构造成对比较矩阵，对 A 加以调整。

4. 层次总排序

利用层次单排序的计算结果，进一步综合处理更上一层次的优劣顺序，就是层次总排序的任务。从最高层到最底层逐层进行。假设 A 层 m 个因素 A_1，A_2，A_3，A_4，…，A_m，对总目标 Z 的排序为 a_1，a_2，a_3，a_4，…，a_m；B 层 n 个因素对上层 A 中因素 A_j 的层次单排序为 b_{1j}，b_{2j}，b_{3j}，…，b_{nj}（$j=1$，2，3，…，m）。

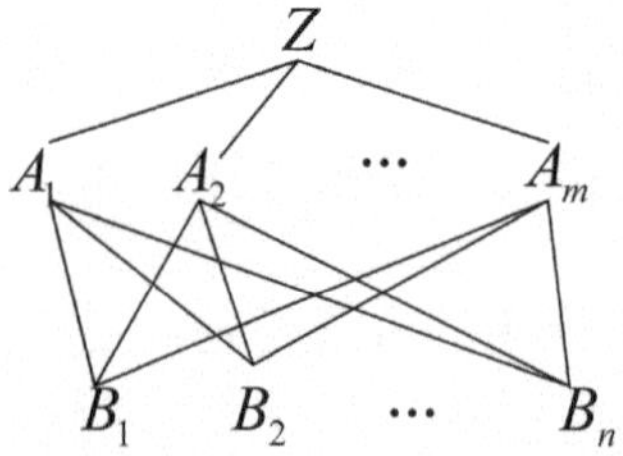

B 层的层次总排序，即 B 层第 i 个因素对总目标的权值如下。

$$\sum_{j=1}^{m} a_j b_{ij} \Longrightarrow \begin{array}{l} B_1: a_1b_{11}+a_2b_{12}+\cdots a_mb_{1m} \\ B_2: a_1b_{21}+a_2b_{22}+\cdots a_mb_{2m} \\ \cdots \\ B_n: a_1b_{n1}+a_2b_{n2}+\cdots a_mb_{nm} \end{array} \quad 6\text{-}3$$

（三）我国职业篮球俱乐部核心竞争力的层次分析法评价权重与解析

我国职业篮球俱乐部核心竞争力的详细评价权重（表 6-8 至表 6-16）。

表 6-8　一级指标对职业篮球俱乐部核心竞争力总目标的影响权重

一级指标	A1	A2	A3	A4	A5	一级权重 Wv
A1	1	1	1/5	1	3	0. 13156
A2	1	1	1/3	3	4	0. 20426
A3	5	3	1	5	5	0. 40296
A4	1	1/3	1/5	3	3	0. 18056
A5	1/3	1/4	1/5	1/3	1	0. 08066
一致性检验：$CR=CI/RI=[(\lambda-n)/(n-1)]/RI=0.02959<0.1$。结论：一致性检验正常。						

注：Wv（Weight Value）表示该指标对俱乐部核心竞争力的影响权重。

表 6-9　二级指标对一级指标“俱乐部内部治理能力”的影响权重

二级指标	B1	B2	B3	B4	B5	Wv	组合 Wv
B1	1	1/4	1/3	1/2	1	0. 0882	0. 0116
B2	4	1	3	2	4	0. 4163	0. 0548
B3	3	1/3	1	2	3	0. 2331	0. 0307
B4	2	1/2	1/2	1	3	0. 1813	0. 0239
B5	1	1/4	1/3	1/3	1	0. 0811	0. 0107
一致性检验：$CR=CI/RI=[(\lambda-n)/(n-1)]/RI=0.01726<0.1$。结论：一致性检验正常。							

注：Wv（Weight Value）表示该指标对俱乐部核心竞争力的影响权重。

表 6-10　二级指标对一级指标“俱乐部经营与管理能力”的影响权重

二级指标	B6	B7	B8	B9	B10	B11	B12	B13	B14	B15	权重 Wv	组合 Wv
B6	1	6	1/2	3	3	2	3	3	5	2	0. 1809	0. 0370
B7	1/6	1	1/5	1/3	1/2	1/4	1/3	1/3	1/3	1/4	0. 0251	0. 0051
B8	2	5	1	3	4	1	3	3	3	2	0. 1862	0. 0380
B9	1/3	3	1/3	1	1	1/6	1/4	1/3	1/2	1/4	0. 0394	0. 0080
B10	1/3	2	1/4	1	1	1/4	1/2	1/2	2	1/4	0. 0490	0. 0100
B11	2	4	1	6	4	1	3	4	3	1	0. 1874	0. 0383
B12	1/3	3	1/3	4	2	1/3	1	1	1/2	1/4	0. 0621	0. 0127
B13	1/3	3	1/3	3	2	1/4	1	1	1/2	1/4	0. 0587	0. 0120
B14	1/5	3	1/3	2	1/2	1/3	2	2	1	1/3	0. 0608	0. 0124
B15	1/2	4	1/2	4	4	1	4	4	3	1	0. 1504	0. 0307
一致性检验：$CR=CI/RI=$［（$\lambda-n$）/（$n-1$）］$/RI=0.04597<0.1$。结论：一致性检验正常。												

注：Wv（Weight Value）表示该指标对俱乐部核心竞争力的影响权重。

表 6-11 二级指标对一级指标“俱乐部综合竞技能力”的影响权重

二级指标	B16	B17	B18	权重 Wv	组合 Wv
B16	1	3	5	0. 6370	0. 2567
B17	1/3	1	3	0. 2583	0. 1041
B18	1/5	1/3	1	0. 1047	0. 0422
一致性检验：$CR=CI/RI=[(\lambda-n)/(n-1)]/RI=0.033199<0.1$。结论：一致性检验正常。					

注：Wv（Weight Value）表示该指标对俱乐部核心竞争力的影响权重。

表 6-12 二级指标对一级指标“俱乐部人力资源管理能力”的影响权重

二级指标	B19	B20	B21	B22	B23	B24	B25	权重 Wv	组合 Wv
B19	1	1	1	3	6	5	4	0. 1344	0. 0243
B20	1	1	1	3	5	5	4	0. 1720	0. 0311
B21	1	1	1	3	4	4	3	0. 4153	0. 0750
B22	1/3	1/3	1/3	1	2	1	1/2	0. 1223	0. 0221
B23	1/6	1/5	1/4	1/2	1	2	1/2	0. 0505	0. 0091
B24	1/5	1/5	1/4	1	1/2	1	1/2	0. 0632	0. 0114
B25	1/4	1/4	1/3	2	2	2	1	0. 0423	0. 0076
一致性检验：$CR=CI/RI=[(\lambda-n)/(n-1)]/RI=0.04597<0.1$。结论：一致性检验正常。									

注：Wv（Weight Value）表示该指标对俱乐部核心竞争力的影响权重。

表 6-13　二级指标对一级指标“俱乐部文化与学习能力”的影响权重

二级指标	B26	B27	B28	B29	B30	B31	B32	B33	权重 Wv	组合 Wv
B26	1	3	5	4	2	5	5	4	0. 3270	0. 0264
B27	1/3	1	4	2	1/2	3	3	3	0. 1582	0. 0128
B28	1/5	1/4	1	1/3	1/2	3	3	3	0. 0839	0. 0068
B29	1/4	1/2	3	1	1/3	1	1	1	0. 0779	0. 0063
B30	1/2	2	2	3	1	3	3	2	0. 1815	0. 0146
B31	1/5	1/3	1/3	1	1/3	1	2	1	0. 0597	0. 0048
B32	1/5	1/3	1/3	1	1/3	1/2	1	1/3	0. 0438	0. 0035
B33	1/4	1/3	1/3	1	1/2	1	3	1	0. 0679	0. 0055

一致性检验：$CR=CI/RI=[(\lambda-n)/(n-1)]/RI=0.04597<0.1$。结论：一致性检验正常。

注：Wv（Weight Value）表示该指标对俱乐部核心竞争力的影响权重。

表 6-14　三级指标对二级指标“俱乐部与个人竞技能力”的影响权重

三级指标	C1	C2	C3	C4	C5	C6	C7	权重 Wv	组合 Wv
C1	1	1/3	1/5	1/3	1/3	1/2	1/5	0. 0411	0. 0106
C2	3	1	1/3	1	1	1	1/4	0. 0855	0. 0219
C3	5	3	1	3	3	4	2	0. 3121	0. 0801
C4	3	1	1/3	1	1	2	1/3	0. 1086	0. 0279
C5	3	1	1/3	1	1	2	1/3	0. 1086	0. 0279
C6	2	2	1/4	1	1	1	1/4	0. 0774	0. 0199
C7	5	4	1	3	3	4	1	0. 2668	0. 0685
一致性检验：$CR=CI/RI=[(\lambda-n)/(n-1)]/RI=0.033232<0.1$。结论：一致性检验正常。									

注：Wv（Weight Value）表示该指标对俱乐部核心竞争力的影响权重。

表 6-15 三级指标对二级指标“训练与比赛水平”的影响权重

三级指标	C8	C9	C10	C11	C12	权重 Wv	组合 Wv
C8	1	1/3	3	4	6	0. 26766	0. 0279
C9	3	1	4	5	7	0. 47445	0. 0494
C10	1/3	1/4	1	1/3	4	0. 09134	0. 0095
C11	1/4	1/5	3	1	4	0. 12799	0. 0133
C12	1/6	1/7	1/4	1/4	1	0. 03855	0. 0040
一致性检验：$CR=CI/RI=[(\lambda-n)/(n-1)]/RI=0.061756<0.1$。结论：一致性检验正常。							

注：Wv（Weight Value）表示该指标对俱乐部核心竞争力的影响权重。

表 6-16 三级指标对二级指标“俱乐部科研水平”的影响权重

三级指标	C13	C14	C15	C16	C17	C18	C19	权重 Wv	组合 Wv
C13	1	4	6	4	4	4	3	0. 3703	0. 0156
C14	1/4	1	3	3	2	3	1/3	0. 1376	0. 0058
C15	1/6	1/3	1	3	1	1/3	1/3	0. 0628	0. 0027
C16	1/4	1/3	1/3	1	1/3	1/2	1/4	0. 0422	0. 0018
C17	1/4	1/2	1	3	1	1/3	1/4	0. 0676	0. 0029

续表

三级指标	C13	C14	C15	C16	C17	C18	C19	权重 Wv	组合 Wv
C18	1/4	1/3	3	2	3	1	1/2	0. 1065	0. 0045
C19	1/3	3	3	4	4	2	1	0. 2130	0. 0090
一致性检验：$CR=CI/RI=[(\lambda-n)/(n-1)]/RI=0.075505<0.1$。结论：一致性检验正常。									

注：Wv（Weight Value）表示该指标对俱乐部核心竞争力影响权重。

表 6-17 我国职业篮球运动员核心竞争力评价指标的影响程度

程度	一级指标名称	权重	排名	程度	一级指标名称	权重	排名
决定要素	俱乐部综合竞技能力	0. 40296	1	辅助要素	俱乐部内部治理能力	0. 13156	4
	俱乐部经营与管理能力	0. 20426	2		俱乐部文化与学习能力	0. 08066	5
	俱乐部人力资源管理能力	0. 18056	3				

我国职业篮球俱乐部核心竞争力组合权重的计算结果显示（表6-17）：俱乐部综合竞技能力、俱乐部经营与管理能力及俱乐部人力资源管理三项指标占据了78.8%的比重，说明在当前国内形势下，俱乐部想要提高自身的核心竞争力需要从这三个方面着力提升。从职业篮球俱乐部生存与发展的角度看，俱乐部综合竞技能力、经营与管理能力、人力资源管理三者共同构成了俱乐部的利益链，它们是俱乐部的脊梁。而俱乐部内部治理能力、文化与学习能力等构成了俱乐部核心竞争力的主要辅助元素。所谓的辅助依然是必然要素，而不是可有可无，它们更多的是对俱乐部核心竞争力起到了间接的作用，对决定因素起到了保障与支持的作用，如俱乐部的组织结构，它的好坏将决定俱乐部的稳定以及方略、政策的实施。

我国职业篮球俱乐部核心竞争力构成要素的权重在一定程度上解释了各要素的重要性，确定了以俱乐部竞技水平为基础的发展模式。然而，这种发展模式显然在国内俱乐部中得到了放大，盲目地追求竞技实力所引发的俱乐部不良发展成为阻碍俱乐部不断前进的因素。因此，俱乐部想要全方位地提高核心竞争力，需要注重各要素的协同性。

七、我国职业篮球俱乐部核心竞争力的综合评价标准

为了能够更加直观明了地反映俱乐部核心竞争力的水平，研究采用了量化性的综合评价法。综合评价法是通过对指标进行相应的打分后，利用加权、累积、求和等形式得出总分的一种评价方式。我国职业篮球俱乐部核心竞争力主要是以主观评价为主。因此，综合评价法成为首选。

（一）评价等级和标准的制定

根据对相关专家的访谈以及综合评价法的具体要求，我国职业篮球

俱乐部核心竞争力指标评价的分数，采取了 10 分制（评分为 1~10 分，分数越高，成绩越好），而在综合成绩的评价等级上，则采取了常用的五级评分标准（优、良、中、及格、不及格）。在评分标准的制定上，研究中参阅了百分制综合评分法，即控制分数在 1~100，具体评价标准如下（表 6-18）。

表 6-18 我国职业篮球俱乐部核心竞争力评价等级与标准

俱乐部	指标分（S_i）	权重（w_i）	总分（S'）	排名	等级
A	$\sum A1 \cdots C1$	0.13…0.01	0…100	1	优
B	$\sum A1 \cdots C1$	0.13…0.01	0…100	2	良
C	$\sum A1 \cdots C1$	0.13…0.01	0…100	3	中
D	$\sum A1 \cdots C1$	0.13…0.01	0…100	4	及格
…	…	…	…	…	…

（二）综合评价计算方法

我国职业篮球俱乐部核心竞争力综合评价的总分计算主要采用加权的方式。首先，由俱乐部的管理层就俱乐部各项指标进行评分；其次，根据上述计算出的指标权重进行相应的加权处理；最后，进行分数的总和计算，得出总分，并进行等级评价。计算公式如下：

$$S = S_i \sum_{n=1} n \ (w_i) \qquad 6\text{-}4$$

式中，S 表示总得分，S_i 表示第 i 项评价指标的具体得分，w_i 表示第 i 项指标的权重值。

第二节 我国职业篮球俱乐部核心竞争力评价的应用研究

一、样本数据的来源

中国男子篮球职业联赛俱乐部较多且分布区域广，对所有俱乐部都进行调查难度较大。此外，核心竞争力评价指标较多，这些因素都给研究增加了较大的困难。因此，在咨询相关专家的前提下，以俱乐部战绩（2017 年中国男子篮球职业联赛常规赛排名 1~5、6~10、11~15、16~20 各抽取一家），所处区域（东部、南部、中部及西部各一家）以及俱乐部属性（私企、国企、国企与政府、私企与政府各一家）为选择依据，选取四家俱乐部（分别用 G、S、F、Z 表示），对它们进行调查，获取相关数据。

二、评价过程

我国职业篮球俱乐部核心竞争力的评价过程主要采取层次分析与综合评分相结合的方法，评价过程涉及一级指标 5 项、二级指标 33 项、三级指标 19 项，共计 57 项内容。指标的测度多数依赖于俱乐部总经理采用主观打分的方式，部分指标直接通过相关网站获得。具体步骤如下：①编制反映俱乐部核心竞争力发展的量表，该量表涵盖本评价体系的各项指标。②发放量表。通过面谈的方式发放量表，由俱乐部总经理根据俱乐部自身情况打分（1~10 分，分数越高，效果越好）。③计算总分。根据评价权重，对各项得分进行计算，得出最终总分，进行排名（表6-19至表6-21）。

三、评价最终结果分析

职业篮球俱乐部核心竞争力评价的最终结果是按照各项指标加权汇总后得出的。由于不同的指标及数据的来源主要依靠职业篮球俱乐部管理层打分的方式，因此，在评价中难免存在一些误差。但通过对我国四家职业篮球俱乐部的调查发现，不同体制机制背景下的四家职业篮球俱乐部在结果上存在差异（见表6-22）。在职业篮球俱乐部内部治理上，私营职业篮球俱乐部得分明显高于其他性质的职业篮球俱乐部，说明私营职业篮球俱乐部在治理上相对明确，效果好，而其余三种性质的职业篮球俱乐部普遍存在不同程度的问题。另外，在文化与学习方面，四家职业篮球俱乐部得分均不高，说明加强文化建设对于未来职业篮球俱乐部核心竞争力的提高具有较大作用。从整体得分看，私营职业篮球俱乐部得分较高，而其他性质的职业篮球俱乐部得分较低，一定程度上说明私营职业篮球俱乐部更易形成自己的核心竞争力。

表 6-19　四家职业篮球俱乐部核心竞争力一级评价指标参考值

层次	俱乐部原始测度值（10 分制）				俱乐部转换测度值（100 制）			
一级指标	G	S	F	Z	G	S	F	Z
俱乐部内部治理能力	9	7	7	7	11. 840	9. 209	9. 209	9. 209
俱乐部经营与管理能力	9	8	8	6	18. 383	16. 341	16. 341	12. 256
俱乐部综合竞技能力	9	6	6	7	36. 266	24. 178	24. 178	28. 207
俱乐部人力资源管理能力	9	8	6	9	16. 250	14. 445	10. 834	16. 250
俱乐部文化与学习能力	8	7	5	7	6. 453	5. 646	4. 033	5. 646

注：俱乐部转换测度值是俱乐部原始测度值先转化成百分制后乘以相应的组合权重（Wv）。

表 6-20　四家职业篮球俱乐部核心竞争力二级评价指标参考值

层次		俱乐部原始测度值（10 分制）				俱乐部转换测度值（100 制）			
一级指标	二级指标	G	S	F	Z	G	S	F	Z
俱乐部内部治理能力	俱乐部产权与责权	9	8	8	7	1. 044	0. 928	0. 928	0. 812
	俱乐部治理机制	9	6	7	7	4. 932	3. 288	3. 836	3. 836
	俱乐部权职设置与划分	9	8	8	7	2. 763	2. 456	2. 456	2. 149
	俱乐部组织结构建设	9	8	7	6	2. 151	1. 912	1. 673	1. 434
	俱乐部利益相关者调控	9	7	7	7	0. 963	0. 749	0. 749	0. 749

续表

层次		俱乐部原始测度值（10 分制）				俱乐部转换测度值（100 制）			
一级指标	二级指标	G	S	F	Z	G	S	F	Z
俱乐部经营与管理能力	俱乐部经营战略抉择与实施	8	9	8	7	2. 96	3. 33	2. 96	2. 59
	俱乐部品牌形象与塑造	8	6	6	6	0. 408	0. 306	0. 306	0. 306
	俱乐部经营团队结构配置	8	6	6	6	3. 04	2. 28	2. 28	2. 28
	俱乐部运营制度	9	6	6	7	0. 72	0. 48	0. 48	0. 56
	俱乐部收益与流向平衡性	9	8	7	7	0. 9	0. 8	0. 7	0. 7
	俱乐部市场拓展力	8	6	6	6	3. 064	2. 298	2. 298	2. 298
	俱乐部公共关系处理	8	6	6	6	1. 016	0. 762	0. 762	0. 762
	俱乐部公共关系与顾客维护	8	6	7	6	0. 96	0. 72	0. 84	0. 72
	俱乐部整体运营协调能力	9	7	7	6	1. 116	0. 868	0. 868	0. 744
	俱乐部核心产品创造与延伸	9	8	7	6	2. 763	2. 456	2. 149	1. 842
俱乐部综合竞技能力	俱乐部与个人竞技能力	—	—	—	—	—	—	—	—
	训练与比赛水平	—	—	—	—	—	—	—	—
	俱乐部科研水平	—	—	—	—	—	—	—	—

续表

层次		俱乐部原始测度值（10 分制）				俱乐部转换测度值（100 制）			
一级指标	二级指标	G	S	F	Z	G	S	F	Z
俱乐部人力资源管理能力	俱乐部管理层变更与效能	9	8	6	9	2. 187	1. 944	1. 458	2. 187
	俱乐部利益分配与激励	9	8	7	9	2. 799	2. 488	2. 177	2. 799
	俱乐部人力资源发展与提升机制	9	8	7	7	6. 75	6	5. 25	5. 25
	俱乐部教练员更替	9	8	6	9	1. 989	1. 768	1. 326	1. 989
	俱乐部人才梯队建设	9	8	7	7	0. 819	0. 728	0. 637	0. 637
	俱乐部球员流动	9	8	7	7	1. 026	0. 912	0. 798	0. 798
	俱乐部绩效考核	9	8	7	7	0. 684	0. 608	0. 532	0. 532
俱乐部文化与学习能力	俱乐部的价值与理念	9	8	6	8	2. 376	2. 112	1. 584	2. 112
	俱乐部集体凝聚力	8	8	6	7	1. 024	1. 024	0. 768	0. 896
	俱乐部球员人本文化	8	8	6	6	0. 544	0. 544	0. 408	0. 408
	俱乐部宣传与仪式文化	8	7	6	7	0. 504	0. 441	0. 378	0. 441
	俱乐部制度与行为文化	8	6	6	7	1. 168	0. 876	0. 876	1. 022
	俱乐部设施与环境	8	7	6	7	0. 384	0. 336	0. 288	0. 336
	俱乐部持续创新反馈	7	7	5	6	0. 245	0. 245	0. 175	0. 21
	俱乐部成员自主学习	7	6	5	6	0. 385	0. 33	0. 275	0. 33

注：俱乐部转换测度值是俱乐部原始测度值先转化成百分制后乘以相应的组合权重（Wv）。

表 6-21 四家职业篮球俱乐部核心竞争力三级评价指标参考值

层次		俱乐部原始测度值（10 分制）				俱乐部转换测度值（100 制）			
二级指标	三级指标	G	S	F	Z	G	S	F	Z
俱乐部与个人竞技能力	球员的年龄结构	8	7	7	7	0. 848	0. 742	0. 742	0. 742
	球员的更新方式	9	7	8	8	1. 971	1. 533	1. 752	1. 752
	球员体能储备	9	7	7	6	7. 209	5. 607	5. 607	4. 806
	球员技战术能力	9	6	8	8	2. 511	1. 674	2. 232	2. 232
	球员心智水平	8	7	6	7	2. 232	1. 953	1. 674	1. 953
	教练员团队水平	8	7	6	6	1. 592	1. 393	1. 194	1. 194
	球队的集体效能	9	8	8	7	6. 165	5. 48	5. 48	4. 795
训练与比赛水平	球队训练内容质量	9	8	8	8	2. 511	2. 232	2. 232	2. 232
	球队的整体磨合程度	9	8	7	8	4. 446	3. 952	3. 458	3. 952
	教练员临场指挥调度	9	7	7	8	0. 855	0. 665	0. 665	0. 76
	球员竞赛水平发挥	9	8	6	8	1. 197	1. 064	0. 798	1. 064
	球队整体配合能力	9	8	7	7	0. 36	0. 32	0. 28	0. 28
	规则、裁判判罚解读	9	8	7	6	1. 404	1. 248	1. 092	0. 936
俱乐部科研水平	科研人、财、物投入	7	6	5	6	0. 406	0. 348	0. 29	0. 348
	技战术创新与产出	8	6	7	6	0. 216	0. 162	0. 189	0. 162
	俱乐部情报搜集能力	8	7	6	6	0. 144	0. 126	0. 108	0. 108

续表

层次		俱乐部原始测度值（10分制）				俱乐部转换测度值（100制）			
二级指标	三级指标	G	S	F	Z	G	S	F	Z
俱乐部科研水平	球员培养与提升能力	8	7	7	7	0. 232	0. 203	0. 203	0. 203
	运动员身体指标监控	7	6	5	6	0. 315	0. 27	0. 225	0. 27
	俱乐部信息系统建设	7	7	5	6	0. 63	0. 63	0. 45	0. 54

注：俱乐部转换测度值是俱乐部原始测度值先转化成百分制后乘以相应的组合权重（Wv）。

表 6-22 四家职业篮球俱乐部核心竞争力评价结果

俱乐部	俱乐部体制	总分	排名	等级
G	私企	86. 93	1	良
S	国企与政府	73. 59	2	中
F	国企	68. 89	4	及格
Z	私企与政府	70. 06	3	及格

注：俱乐部总分是俱乐部二级指标与三级指标的分值和。

第七章

我国职业篮球俱乐部核心竞争力培育机制和提升策略

第一节　我国职业篮球俱乐部核心竞争力培育与提升环境分析

任何企业组织的发展都离不开一个稳定、持续及健康的生存环境，我国职业篮球俱乐部核心竞争力的培育与提升同样面临这个问题。在以上研究中，已经对我国职业篮球俱乐部核心竞争力的要素、形成机理及影响因素等内容进行了分析，这些无疑是影响其发展的关键内容，而这里所说的环境是这些因素共同生存的场所。宏观上，我国职业篮球俱乐部的发展离不开中国特色社会主义制度，国有与私营经济并存的国情决定了我国现有职业篮球俱乐部多种体制机制的存在，也就是说我国职业篮球俱乐部核心竞争力所引领的我国职业篮球俱乐部发展具有中国特色，要坚持社会主义发展道路。微观上，我国职业篮球俱乐部核心竞争力从产生、发展到形成是一个连续的整体，它的发展是一个循序渐进的过程，需要协同有序的环境予以保障。通过对我国职业篮球俱乐部管理层以及相关专家的访谈得知，国内职业篮球俱乐部核心竞争力的培育与提升需要考虑以下国内环境。

职业篮球联赛由不同体制职业篮球俱乐部组成且这种形式长期存在。从我国职业篮球俱乐部的地域分布看，南方职业篮球俱乐部多以私营为主，北方职业篮球俱乐部多以国企、政府合资为主，这是由我国经济发展不平衡（呈现出南北的差异性）决定的。

国家篮球人才的培养体制阻碍了职业化市场中球员的自由转会，这对一些效益不高的职业篮球俱乐部影响明显。此外，高校与职业篮球俱乐部间的隔阂让众多大学生球员难以进入职业篮球联赛。

在相当长的时间里，中国男子篮球职业联赛的产值效益难以与职业篮球俱乐部的收入相匹配，电视转播权的收入在央视的垄断下难以实现利润回报，仅靠地方电视转播难以对职业篮球俱乐部提供有效的支持。

职业篮球联赛以及职业篮球俱乐部的发展与国家队之间的相互关系复杂，到底是职业篮球俱乐部服务职业篮球联赛，还是国家队服务职业篮球联赛的问题模糊。

此外，诸如国内体育产业的发展、职业篮球联赛发展模式及俱乐部所在地区间的经济、消费水平差异等都将影响我国职业篮球俱乐部核心竞争力的培育与提升。

第二节　我国职业篮球俱乐部核心竞争力培育机制

寻找并形成我国职业篮球俱乐部核心竞争力的培育机制迫在眉睫，我国职业篮球俱乐部核心竞争力的培育需在整个职业篮球联赛体制与市场运行相结合的前提下进行，培育机制既要具有协同性，统筹管理，也需要循序渐进逐步实行。具体培育机制如下（图 7-1）。

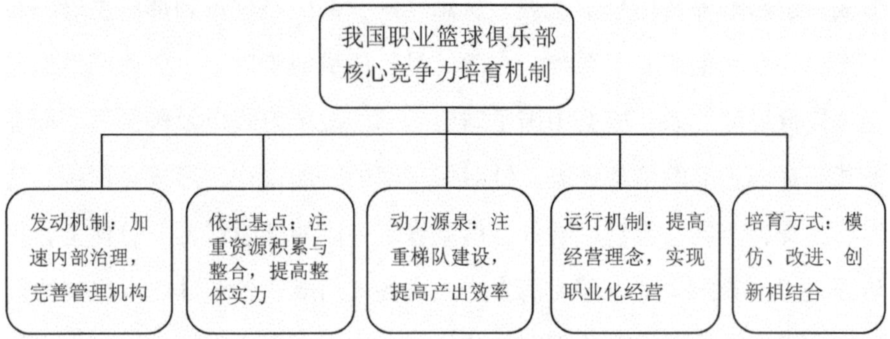

图 7-1　我国职业篮球俱乐部核心竞争力培育机制

一、发动机制——加速内部治理，完善管理机构

中国男子篮球职业联赛历经多年发展逐渐迈入了亚洲乃至世界高级别联赛的行列。在此期间，各职业篮球俱乐部赞助商、政府行政部门发挥了重要的支持、引导及监督作用，这是我国职业篮球联赛做大做强的基本保障。但俱乐部的发展脚步却是缓慢的，最初的具有大国企、私企、政府合资的俱乐部性质依然没有改变，职业篮球俱乐部的整体结构没有产生实质性的变化，俱乐部依然没有转变为自负盈亏的实体。

在职业篮球俱乐部实现自身核心竞争力的建设过程中，内部治理是我国职业篮球俱乐部改革的首要问题，也是缓解联赛与俱乐部发展速度不一致的利器。为此，各级政府应加快简政放权的速度，与俱乐部之间形成合作关系；做好服务与监督工作，必要时提出相应的建议；减少对辖区职业篮球俱乐部的干预，尤其在俱乐部人事管理权以及运营决策权方面；各俱乐部的赞助商需要从思想上重视俱乐部，不只是将俱乐部作为品牌宣传的工具，而是要将其看作是子公司，成为盈利点。俱乐部在自身的内部治理上需要在母公司的基础上，实行俱乐部的企业化管理，形成俱乐部章程及俱乐部法规，从总经理、部门经理再到部门主管、员工形成一套完整的人事系统。在教练员、球员的管理上，要协调他们与当地体育局的关系，借鉴中国足球俱乐部的改革方式以及美国男子职业篮球联赛俱乐部的治理经验，针对俱乐部的发展模式，形成集训练、比赛、品牌、市场、经营、财务、信息等于一体的部门结构。总体上，俱乐部坚持不养闲人，不养无能力之人，各部门既要各司其职，也要协同发展，实现俱乐部内部治理能力的优化，为形成俱乐部核心竞争力引好头、领好路，从根本上形成以盈利为目标的职业化俱乐部发展理念。

二、依托基点——注重资源积累与整合，提高整体实力

在企业核心竞争力的研究中，资源学派强调企业内部知识、技术、制度等要素的多少以及整合方式是企业核心竞争力的主要来源。而我国职业篮球俱乐部核心竞争力的发展主要依赖于俱乐部的竞技能力，同样也离不开这些资源的积累与整合，它们是俱乐部的依托，对于提高俱乐部整体实力意义重大。

（一）我国职业篮球俱乐部知识性资源

知识是人类在实践中对客观世界认识的成果，也是一切事物发展的不竭动力。在职业篮球俱乐部核心竞争力的培育中，内部知识的积累占据着重要位置。在当今知识经济的时代，哪家职业篮球俱乐部获得了更多相关的知识积累，便是得到了更多的竞争优势。

虽然企业在整体上比职业篮球俱乐部复杂得多，但将核心竞争力从企业移植到职业篮球俱乐部中，所涉及的知识要远多于企业。从职业篮球俱乐部运行状况看，核心竞争力的培育除需要企业相关知识外，还需

要管理知识（战略、人力资源等），经济知识（财务、球员转会、边际效应等），竞技体育知识（训练、比赛、竞赛等），经营知识（场馆运营、市场拓展等），销售知识（球票销售、广告营销等），心理学知识（团队效应、集体效应、氛围等），医疗知识（球员损伤、治疗、恢复等），网络信息知识（信息搜集、战术布置、先进的训练方式等）等相关知识，这些知识将为职业篮球俱乐部竞争优势的获取建立良好基础。

事实上，并非所有的知识积累对职业篮球俱乐部核心竞争力的培育都是有效的。在所有的相关知识中，既存在显性知识，即那些俱乐部所共同具有的、透明的知识内容；同时也存在隐性知识，即那些决定俱乐部核心竞争力生存发展的知识，具有难以模仿性。因此，为更好地实现俱乐部显隐性知识的转化，保护俱乐部隐性知识，各职业篮球俱乐部在知识的培育路径中更应该形成一种知识处理的有效渠道，即集知识采集、分类、加工、转移、输出为一体的模式。我国职业篮球俱乐部尚处于发展的初级阶段，关于获取知识的源头，既可以模仿企业、社会机构、营利性组织、欧美等发达国家的职业篮球俱乐部，也可以在其基础上进行改革，还可以此为起点，创造符合自身发展的方式与内容。总之，知识资本积累得越多以及显隐性知识间的转化所产生的生产力效能越高，越有利于俱乐部整体实力的发展。

（二）我国职业篮球俱乐部技术性资源

技术是人类通过对知识的加工来获得解决相关问题的方法，是对知识的活化以及灵活运用。核心竞争力理论的创始人 C. K. 普拉哈拉德和 G. 哈默一直强调核心竞争力是若干技术流的整合，技术是继知识要素后又一影响核心竞争力的关键要素。我国职业篮球俱乐部核心竞争力的构建是从管理层和竞赛层入手，训练与比赛为经营源，而管理则为竞赛提供保障。长期以来，在我国职业篮球俱乐部的发展中，技术因素更多地是运用到球队战绩中。然而，这些技术的发展并没有让一些俱乐部扭亏为盈，俱乐部反而亏损愈发严重。相反，在美国男子职业篮球联赛中战绩差的俱乐部却依然在经营中彰显了强大的生命力，产生了良好的品牌效应。

技术的核心在于创新，技术创新在社会经济变革中起着关键作用。换言之，唯有技术创新才能让职业篮球俱乐部核心竞争力时刻处于动态中，从而获得长期的竞争优势。在俱乐部核心竞争力的培育中，技术的创新应该渗透到诸多方面，尤其要体现在对职业篮球俱乐部战绩以及经营的平衡上。在俱乐部竞赛中，技术创新应抓住两条线，一条是从球员选材、基础训练、技战术提高到比赛能力；另一条则是从科研水平、设施保障到球员流动与管理。两条线互为联系，共同来保持战绩的稳定。而在俱乐部体制与经营中，技术创新则要从俱乐部组织—俱乐部资料供给—竞赛产出—产品销售与推广—市场与观众维护等路线来实现俱乐部盈利。如果说知识积累为职业篮球俱乐部核心竞争力的培育提供了物质基础，那么技术的创新则为其提供了内驱力，是职业篮球俱乐部核心竞争力发展不可忽视的重要内容。

（三）我国职业篮球俱乐部人才性资源

21 世纪，无论是国家还是企业对人才的掠夺已经进入白热化阶段。无论是知识还是技术都离不开人的驾驭，只有在人才的手中它们才能发挥出更大的能量。职业篮球俱乐部需要通过不断更替人才来实现核心竞争力稳步提升。在人才的招募上，俱乐部和大部分企业类似，但不同的是类别较少，主要包括俱乐部管理层、俱乐部教练员以及优秀球员等。目前，我国职业篮球俱乐部在这三类人才的招募中还远未达到职业化的程度，工资的膨胀、转会的限制等问题引发的人才过度集中严重地影响了诸多小型俱乐部的发展，而大型俱乐部虽然得到了较多的优质人才，但因价格过高同样是入不敷出，亏损严重。

当然，在俱乐部核心竞争力的培育中，高质量人才的追求必然是无法绕开的路径。然而，高质量人才的匮乏与集中问题突出，篮球协会与俱乐部在人才的流动与培养中需要贡献更多的力量。第一，减少内部继任，增加外部聘任。让懂的人出现在懂的位置上，提高俱乐部管理层的效能。第二，提高主教练选拔标准，降低教练员更换频率。在各国职业篮球联赛中，主教练都属于高危职业，主教练的更换成为一种市场化现象。我国职业篮球俱乐部主教练在选拔上较为简单，一些教练员存在直接从球员退役转型、无执教经历、无俱乐部管理经历等问题。因此，建立高水平教练员队伍迫在眉睫。第三，增加球员流动，拓宽球员选拔路径。国内培养体制极大地限制了本土球员的流动，过多的俱乐部将赌注压在了外援身上，极大地压制了国内本土球员的发展。由此，拓宽球员来源、增加选秀制度、降低球员流动阻碍才是各俱乐部生存的关键。第四，制定规则，防止人才过度集中。规则的缺乏，使得俱乐部哄抬球员价格，从而让过多的俱乐部失去竞争的资格。

（四）我国职业篮球俱乐部机制性资源

机制是在职业篮球俱乐部知识与技术上发展起来的，对俱乐部核心竞争力各要素起到了连接、协调以及整合的作用。目前，我国职业篮球俱乐部在运行机制上还未取得良好的效果，运行机制的缺陷严重地影响了俱乐部核心竞争力的发展。因此，我国职业篮球俱乐部只有改变现有的运行机制才能更好地为核心竞争力的形成与发展开辟道路，扫清障碍。

在职业篮球俱乐部迈向市场化、职业化道路的同时，俱乐部的以下运行机制应该受到重视：①面向市场的经营机制。面向市场，以市场为导向，不断适应市场变化才能让俱乐部更具活力，产生良好的收益。为此，俱乐部需要具有现代的营销理念、精准的目标以及服务观众的意识。②“政俱”分开的管理机制。“政俱”管理不明是职业篮球俱乐部长期存在的弊端，事实上，俱乐部与政府互为法律关系。因此，政府依法管理，职业篮球俱乐部依法运作，各司其职，彻底摆脱政府的直接干预才能让当前俱乐部发展更趋于稳定。③产权清晰的投资机制。产权明确是保护利益相关者的重要前提，明确法人的财产权，理顺产权关系，让更多的私营经济成分注入，实现职业篮球俱乐部资产的资本化与社会化，有助于其走向自主经营、自负盈亏、自我发展、自我约束的道路。④责权明确的决策机制。责权是与产权相对应的内容，政府、国企、私企多元化股份自然会引发职业篮球俱乐部责权的不清晰，决策权上的分歧，导致最大利益者得不到应有的收益，俱乐部的发展方向模糊。⑤利益协调的激励机制。激励机制是俱乐部发展的引诱剂，也是所有者、经营者、球员、员工等不断努力的重要砝码，如俱乐部收益与工资相关、定期的员工福利等。⑥制度健全的约束机制。俱乐部的长远发展离不开约束，它的每一次变革都会引发相应的科学管理，科学有效的约束机制主要包括科学的组织制度以及完善的管理制度等。⑦有力的外部监控机制。与俱乐部内部管理制度相比，外部的监控机制更加有效果，俱乐部一旦驶离了这一轨道便失去了竞争的资本，面临淘汰的处境，它是政府及市场形成的舆论导向。

三、动力源泉——注重梯队建设，提高产出效率

我国职业篮球俱乐部是在球员表演基础上发展起来的，球员的可持

续发展成了俱乐部核心竞争力形成的关键。过去，在“举国体制”方针的引领下，市、省、国家三级阶梯性培养的模式培养出了诸如李楠、姚明、王治郅、巴特、胡卫东等优秀的球员。而近些年，国内体校在职业篮球后备人才的培养与输送中逐显乏力，表现出招生少、产出率不高的特点。自姚明、易建联后，国内一时难以出现领军人物，诸如郭艾伦、李根、周琦、王哲林等年轻球员还难成气候。姜寒、王守恒、郝家春等都在各自的研究中提到，和欧美篮球强国相比，我国篮球人才处于匮乏的状态。由此可知，后备梯队不足以及质量不高等问题是我国篮球整体实力以及俱乐部水平发展缓慢的重要因素。

如今，要提高俱乐部的核心竞争力，就必须重视梯队建设，将其摆在重要的位置。从梯队的培养模式入手，改善原有的只重训练、轻视文化学习的模式，为学生设定学习最低线，真正实施体育与教育相结合的培养模式；培养高质量的复合型教练员团队，包括技战术教练员、体能教练、心智教练员等，全方位地提高后备人才发展所需要的体、技、战、心、智等竞技素质。另外，还需要组建科研团队，定期对青少年球员的身体状况、训练、比赛等情况进行监控与反馈，建立球员不同阶段的数据库；搜集欧美国家训练方式与方法，定时聘请国外优秀的专家进行训练指导，让球员在科学健康的环境下训练、生活；改善赛制，增加青少年的比赛密度，各俱乐部在训练的同时，也要进行相互的竞赛，现有的比赛数量难以满足年轻球员的成长需要。另外，俱乐部间的竞赛、与当地高校球队的拉练等形式都是锻炼青少年球技、球商的重要途径；俱乐部还需要扩大生源，建立起多样化的招生渠道。在与体校结合培养的基础上，俱乐部还需要将触角深入中小学、大学，选派有经验的球探，不定时地对学校中有潜力的球员进行跟踪，有选择性地将他们招至俱乐部进行重点培养，各地区的篮球训练营也是发现高质量球员的地方，同样需要引起俱乐部的重视。

四、运行机制——提高经营理念，实现职业化经营

职业篮球俱乐部的做大做强最终是为了创造更多的利益，而形成俱乐部良好的运行机制是其主要手段。如何才能创造利益，在依靠球队实力的基础上，还需要具有经营理念，实现俱乐部的职业化经营，以良好的运行机制作为保障。长期以来，人们普遍认为篮球协会的垄断阻碍了俱乐部的经营，然而即便如此，俱乐部自身也需要组建合理的运营团队，来开拓市场，吸引观众、赞助商群体投入。

第一，俱乐部的经营理念需要转变。借助联赛的发展速度，重视俱乐部的经营管理，转变拿成绩换福利待遇的理念。第二，形成良好的职业化经营观念，建立高效的经营团队，专门负责俱乐部的经营，比赛促进经营，比赛带动经营，比赛离不开经营，实现竞赛与经营同时同步；扩大盈利源，在篮球协会控制的商务权外，在已有的权限上，寻找其他的盈利点，如场馆的多样化使用、与地方电视台的合作等。第三，稳住票房，提高上座率。球票的销售占据着俱乐部收益的重要部分，但多数俱乐部上座率并不乐观，观众上座率是各俱乐部值得思考的重要问题，根据情况可通过降低票价、免费活动、买三送一等方式，吸引观众，提高上座率。第四，注重收支平衡，降低资源浪费。俱乐部需要控制球员的工资，尤其是减少外援的盲目引入以及频繁更换引发的额外支出，做好财政预算，均衡俱乐部的资金配置。

五、培育方式——模仿、改进、创新相结合

近些年，国家屡次颁发相关政策以促进俱乐部的发展，篮球协会

"管办分离"、中职篮公司的成立等也为俱乐部的发展提供了机遇。尽管如此，俱乐部的发展仍然需要一个过程，不可能跳跃式发展，更不可能一蹴而就，毕竟我国职业篮球俱乐部相对于欧美联赛俱乐部（如美国男子职业篮球联赛中的洛杉矶湖人俱乐部、芝加哥公牛俱乐部等）还处于发展阶段。因此，要发展我国职业篮球俱乐部核心竞争力，还需要实行"三步走，三结合"的政策，即模仿、改进、创新逐级递进，相互结合，协同发展。

（一）我国职业篮球俱乐部核心竞争力的模仿阶段

关于模仿，最早针对的是生命体的生长过程，是个体自觉或不自觉地重复其他个体行为的过程。班杜拉曾指出，模仿是社会学习的重要形式之一，包括直接模仿、综合模仿、象征模仿以及抽象模仿等。我国职业篮球俱乐部从产生至今，仅有 20 余年，这意味着国内职业篮球俱乐部还需要经历一段相当长的模仿期，这对于迅速提高俱乐部核心竞争力尤为重要。纵观我国职业篮球俱乐部发展中出现的问题，以及欧美职业篮球俱乐部迅速发展的原因，国家体制与俱乐部性质是影响国内俱乐部的两大关键性问题。因此，发展我国职业篮球俱乐部核心竞争力，在模仿阶段需要有选择性地借鉴，盲目模仿不但浪费资源，更不利于俱乐部的发展。

目前，各职业篮球俱乐部正处于联赛大变革的关键期，私营企业背景的俱乐部逐渐增多，欧美等发达国家职业篮球联赛的发展模式对中国男子篮球职业联赛的赛制、政策变化、篮球协会的改革等都将产生巨大冲击。因此，我国职业篮球俱乐部在发展核心竞争力时，需要对其进行适当的模仿，主要包括以下几个方面：①俱乐部经营模式的模仿。经营管理是俱乐部生存发展的命脉，经营上的缺陷是我国职业篮球俱乐部未来发展面临的重要障碍。职业篮球俱乐部的经营并不是简单的企业经营，也不是体育销售，两者相似同时也存在差异。因此，从俱乐部比赛运营、包装到销售，整个流程需要清晰、明确，向美国男子职业篮球联赛俱乐部借鉴与效仿，形成自己的经营模式。②俱乐部内部管理的模仿。事实上，作为职业篮球俱乐部，俱乐部管理是最基础的内容，俱乐部的内部管理主要体现在球员、员工利益分配以及劳资关系上。我国职业篮球俱乐部在球员的管理、劳资协议、转会等方面屡有问题发生，也无明确的解决方法，这些都是俱乐部需要改善的地方。③俱乐部训练与比赛职业性的模仿。训练—比赛永远是俱乐部的主旋律，只有高质量的训练才能造就高质量的比赛。这方面我国俱乐部需要学习的东西很多，如从球员和教练员的选拔、科学训练方式的选择、大数据系统的运用、良好医疗团队的保障到球员和教练员的敬业态度、球队文化等。

（二）我国职业篮球俱乐部核心竞争力的改进阶段

改进使我国职业篮球俱乐部核心竞争力实现再次飞跃，是在模仿和移植基础上产生和发展的。很多情况下，完全吸收或照搬别人的经验并不能很好地应用到自身的体系中来，反而会打破原有的结构。在我国虽有为数不少的俱乐部模仿欧美俱乐部，但都没有取得良好的效果。因此，只有结合当前俱乐部以及联赛的实际情况的改进才能取得良好的效果。

我国职业篮球俱乐部核心竞争力改进方式的实现过程要考虑以下问题：①俱乐部的发展理念。我国职业篮球俱乐部常年为提高战绩忙碌，不遗余力地提供资源，不惜花费重金聘请外援来提高战绩，这与通过改进管理机制、良好的经营创造盈利格格不入。因此，转变俱乐部的发展理念才是俱乐部核心竞争力改进的首要条件。②球员的培养方式。体校是俱乐部球员梯队建设的重要阵地，该培养模式影响了俱乐部正常的引进、交易的实现。而美国男子职业篮球联赛却是从大学里选拔球员，不涉及球员生源的问题。因此，改善球员培养模式，扩大国内篮球从业人数成为重要途径。③行政化干预。篮球协会、地方政府是权力机构，尤其篮球协会掌控了俱乐部的商务权，仅留的狭小空间使俱乐部引入欧美管理经验难以操作。④多元化投资的复杂性。多数俱乐部的资金来源是国有经济与私有经济的混合注入，它们的目标具有分散性，即追求战绩、地区品牌、拓展业务等目标，职业俱乐部的盈亏与个人关系不大。因此，权力分散导致众多决策难以实行。

（三）我国职业篮球俱乐部核心竞争力培育的创新阶段

创新是一个经济实体发展的驱动力，是俱乐部核心竞争力在模仿与改进基础上的升华。创新并不是对已有东西的否定，也不是脱离现实的革新，而是需要考虑核心竞争力的独特特征，从影响俱乐部的核心要素上进行创新，形成其他俱乐部难以模仿的要素。

虽然职业篮球俱乐部在结构上没有企业复杂，但是在核心竞争力的形成与维持上却很困难，创新对受限的俱乐部来说，更是难上加难。在理论上，关于俱乐部核心竞争力的创新确实可以套用企业核心竞争力的发展路径，但实际操作却不易实现。现有俱乐部要想形成核心竞争力，第一，需要从战略创新角度出发，即俱乐部要达到什么样的目标。俱乐部的战略管理涉及俱乐部发展方面的选择、重大组织变革以及经营环境的适应。在俱乐部核心竞争力发展初期，战略围绕比赛的竞争展开，选择成本投入提高战绩是俱乐部的战略方向；在俱乐部高速发展时期，俱乐部战略需要进行结构调整，朝多元化方向发展，考虑比赛、产品和市场；而如今，在国内俱乐部中，战绩仅仅是一个方面，却成了俱乐部生存的救命符。第二，知识的创新。关于知识创新的重要性，早在核心竞争力的演化中便有了具体的阐述。知识的创新是俱乐部核心竞争力发展的一种新视角，不但需要渗透于比赛和训练中，而且更要体现在俱乐部经营活动中。俱乐部知识创新包括生产知识、财务知识、技术知识、组织知识、信息管理知识、人际关系及行为知识等创新。一家俱乐部只有凸显创新知识的地位，才能找到与其他俱乐部不同的核心竞争力，知识作为俱乐部实力的基础提供了俱乐部寻找战略差异的无限可能性。第三，俱乐部组织模式的创新。上文中提到，我国职业篮球俱乐部大多采用直线式管理模式，部分俱乐部在管理中存在过多的副职、虚职问题。组织模式简化，形成自主创造，建立新型俱乐部组织架构，实行组织结构本土化和扁平化、规章制度对行为约束日常化，是俱乐部强化核心竞争力的重要方式。第四，俱乐部文化的创新。俱乐部文化对于活化俱乐部的管理理论和方法效果明显。但在俱乐部中，俱乐部文化一直是被忽略的关键要素。事实上，俱乐部的制度、品牌形象、行为、理念、人文等方面都浸透在俱乐部文化之中，总结俱乐部文化的不足，以管理层为主体，定期开展俱乐部员工、球员集体活动及会议、比赛等，有利于俱乐部文化的发展。

此外，模块化网络的创新也是各俱乐部需要构建的，即模块按照一定的规则与其他模块相互联系而构成更加复杂的系统，该网络为俱乐部提供了多种机会和可能。模块化网络强调模块之间的横向交流、学习，从而为克服俱乐部核心黏性创造了条件，对于增加俱乐部核心竞争力的报酬递增效应具有重要意义。

第三节　我国职业篮球俱乐部核心竞争力提升策略

一、我国职业篮球俱乐部核心竞争力提升的策略抉择

核心竞争力的培育强调的是从无到有的过程，而提升寻求的是持续增强的过程，换句话说，提升策略是针对俱乐部已经具有了一定程度上的核心竞争力，在此基础上通过合理方式达到核心竞争力补强的作用，延长其生命周期，最终实现职业篮球俱乐部长期处于优势地位及可持续发展的目的。中国男子篮球职业联赛历经多年的发展，实际上已经具有一定的核心竞争力，按近五年发展状况及区位优势，可以分为三类，即高区域核心竞争力，如广东宏远职业篮球俱乐部、北京首钢职业篮球俱乐部、新疆广汇篮球俱乐部等；中区域核心竞争力，如浙江广厦职业篮球俱乐部、辽宁本钢职业篮球俱乐部、深圳猎豹职业篮球俱乐部等；低区域核心竞争力，如青岛双星职业篮球俱乐部、山西国投职业篮球俱乐部、吉林九台农商银行东北虎职业篮球俱乐部等。

由于不同俱乐部核心竞争力所处的起点不同，俱乐部在核心竞争力提升策略的选择上也存在差异。长期以来，在核心竞争力提升策略的选择研究上，以知识型、创新型、技术型及业务流程再造框架等方式居多。这些研究虽然在理论上取得了良好的效果，但难以运用到实际中去。因此，根据不同俱乐部的发展特点及核心竞争力的发展特征，在确定不同俱乐部的短期与长期发展目标基础上，实现知识、技术、制度、基础设备等资源的不断耦合，核心竞争力逐级递升，形成契合自身发展

的提升策略才能真正有利于俱乐部核心竞争力的发展。

二、我国职业篮球俱乐部不同区域核心竞争力的内部提升策略

（一）低区域俱乐部核心竞争力的提升

在我国职业篮球联赛中，一些俱乐部无论是战绩还是经营上，都长期处于落后的局面。虽然这些俱乐部在发展中已经形成了一定的竞争力，甚至具有特殊优势，但核心竞争要素尤其是影响核心竞争力的关键要素匮乏，远不能支撑俱乐部保持旺盛的竞争活力，难以让这些俱乐部在与其他俱乐部的竞争中胜出。

俱乐部的长期落后常常引发一系列不良反应，诸如球馆上座率低、赞助商少、地方市场占有率低、品牌增值小等。因此，提高战绩和创造精彩比赛，是这些俱乐部核心竞争力提升的关键。目前，多数处于末端的俱乐部几乎都采取引入高水平外援的方式来达到短时间内摆脱困境的目的，但效果并不理想。在提高俱乐部战绩上，第一，俱乐部需要注重本土球员与外援协同发展的策略。在外援的选择上，秉承外援适应球队，而不是球队适应外援的原则，针对俱乐部现有的技战术打法以及薄弱位置有针对性地选择外援。第二，本土球员水平的提高。针对外援更换频繁的局面，本土球员才是俱乐部长期发展的关键。俱乐部对外援的过分依赖，压缩了本土球员的上场时间，严重地影响了本土球员的发挥。事实上，挖掘球队的核心，塑造球星，培养投手、防守型球员等才是俱乐部迫切需要做的。第三，加强球员心理辅导，提高自信心。改变原有的懒惰、消极怠慢的情绪，同时注重新人的培养。第四，提高俱乐部高水平球员的输送效率。受国内人才培养制度的限制，通过转会几乎难以实现高质量后备人才的引进。俱乐部需要着力从自己各线梯队入

手，着重培养有潜力的球员，聘请专门的教练员全方位地提高球员的技战术、心智等。第五，注重资源的配置。有些俱乐部由于收入与投入有限，过分地与其他俱乐部进行硬实力的追逐（尤其是教练员、外援的频繁更换），难免在科研、设施、训练、俱乐部文化、经营等方面产生较大的影响，产生顾此失彼的问题。因此，资源的有效利用将成为俱乐部核心竞争力提升的重要因素。

（二）中区域俱乐部核心竞争力的提升

所谓中区域俱乐部是处于季后赛边缘的俱乐部，它们在竞争中具备一定的实力，有一定的基础，但要保住眼前的优势迈入高区域还需要进一步的提升。此时，俱乐部在核心竞争力的发展中，除注重球队硬实力的改善外，还应注重球队软实力的提高。软实力是核心竞争力中的辅助要素，如俱乐部的氛围环境，良好的俱乐部氛围环境有助于增加俱乐部的集体效能，提高凝聚力，从而推动俱乐部更快更好地发展。在某些成熟的俱乐部中，还配备了专职人员充当“和事佬”的角色，来调节球员间、教练员间的矛盾。又如，俱乐部市场的进一步拓展。虽然在多数职业篮球俱乐部中都成立了市场开发部，但是真正发挥效能的不多。比赛与市场开发本是一对相辅相成的关系，通过比赛促进市场开发，通过市场开发赢取利益，进而打造高质量的比赛。目前，无论俱乐部发展到何种地步，市场开发远远落后于比赛的发展速度，这对具有一定核心竞争力的俱乐部来说无疑是奢侈的。因此，以俱乐部所在城市为源头向周边城市辐射，提高俱乐部在周边城市的知名度，获取良好的形象才是这些俱乐部要做的。此外，球队软实力还体现在球队内部部门结构的强化上，俱乐部在结构上过于冗杂，虚职较多，职能效力不大，需要进行适当的“瘦身”，让机构更加有效地运转。总而言之，中区域职业篮球俱乐部核心竞争力的提升需要以硬实力为基础，注重球队软实力的改善，通过改革、创新等手段，不断实现核心竞争力新的突破。

（三）高区域俱乐部核心竞争力的提升

所谓高区域俱乐部即长期处于联赛前列的俱乐部，在竞争中已经占据了主动性，俱乐部的核心竞争力跨越到了高区域，此时这些俱乐部核心竞争力的提升除了要巩固它们所处的位置外，更需要达到实现总冠军、深化俱乐部底蕴、获得长远利益的目的。此时，在中、低区域建立起来的软、硬实力基础上，应注意俱乐部文化的提升。

从俱乐部价值观而言。俱乐部价值观不但包括俱乐部的发展目标、方向、战略，还包括球员、教练员的价值观及球员的打球态度等。将俱乐部的价值观融入俱乐部的各项活动中，不但有利于明确俱乐部的发展目标，而且更加有利于约束俱乐部全体成员的行为。

从球员敬业精神而言。球员的职业精神是俱乐部精神文化的一部分，职业精神的变质将破坏俱乐部已有的团队竞争力。在美国男子职业篮球联赛俱乐部中，不少球员，如科比、艾弗森、詹姆斯等采取降薪、带伤作战、刻苦训练等方式为追求总冠军、为自己的梦想不断奋斗。

从俱乐部人文关怀而言。近些年，有关俱乐部“欠薪”“伤病球员的治疗”“球员的保护”“球员的使用”“比赛上腿与垫脚”等问题层出不穷，严重地危害到了职业球员的切身利益。球员一旦产生伤病等问题将缩短其竞技寿命，尤其是核心球员，他们是俱乐部的核心财产，也是整个联赛的财富，需要俱乐部进行合理的使用与保护。此外，当地观众是俱乐部的拥护者，对于观众更加需要体现人文关怀，如增加与球星近距离交流互动、球员进社区、球票降价活动等。

从俱乐部的品牌价值而言。俱乐部的品牌价值是俱乐部的各种行动经过社会认同所产生的外部表现。它是俱乐部的标识以及运动员的素质、竞技水平表现、赛风等在人们心中所产生的印象，这种印象是长期的，短时间很难得到改变。俱乐部形象是一种无形资产，良好的形象将给俱乐部以及背后的赞助商带来丰厚的收益和回报。俱乐部要形成稳定的核心竞争力就需要树立良好的俱乐部形象，如俱乐部应该多参与社会公益和文化活动，为大众群体提供有效的体育指导、帮助偏远地区的儿童实现篮球梦想，让俱乐部的形象深入人心，赢得更多观众的支持与热爱。此外，俱乐部的制度文化，管理机制，管理者、球员、教练员等的责任也是提升的内容。

三、我国职业篮球俱乐部不同区域核心竞争力的外部提升策略

我国职业篮球俱乐部是计划经济与市场经济相结合的产物，在发展俱乐部核心竞争力时既需要注重内部组成，也要时刻关注外部因素的变化。在上述研究中，政府、市场、相关产业等都是影响俱乐部核心竞争力的重要外部因素。然而，目前对于职业篮球俱乐部核心竞争力的提升同样需要深入了解这些内容，剖析它们对俱乐部的重要作用，从而制定有价值的提升策略。上文中，已经对俱乐部进行了不同区域的划分，但俱乐部外部因素差异较小，因此，在研究中从总体上统一进行阐述。

（一）充分利用相关政策及法规，建立自身优势

在国内，职业篮球俱乐部的发展首先要考虑国内政策形势以及相关法律规范的变化，相关政策与法律规范大都来自政府（国务院、国家体育总局）制定的法律法规以及篮球协会、地方政府制定的规定。如《体育发展“十三五”规划》中要求行业协会需要与政府脱钩，进一步推进了三大球的职业化，加速了国内职业篮球的进程，指出了职业篮球

的任务，政策、规范或多或少会影响俱乐部核心竞争力的发展，然而对于俱乐部本身，在受制于政策与法规的基础上，也需要充分利用它。目前，国内职业篮球正蓬勃发展，与之相对应的政策较多，这为各职业篮球俱乐部建立自身优势提供了诸多机会，如在当地政府扶持下改造及运营球馆、建立训练基地；利用人才政策吸引高质量外教或球员以及相关技术人员；利用管办分离的机会，争取更多的广告、经营权利等。

（二）建立反馈，加强政府的监管，实现体育市场的相对稳定

俱乐部作为市场的实体产物，市场变化对俱乐部核心竞争力的影响是显而易见的。通常，市场可以自发地对职业篮球俱乐部的经营进行调控，但诸如俱乐部间不良竞争、资源不均等问题则需要政府出面进行调控。目前，体育市场中本土球员流动有限、球员工资溢价严重、球迷观众的行为等问题较为明显。针对如上问题，篮球协会相应的监管却较少，这对俱乐部的发展，尤其是亏损严重的私营俱乐部是极为不利的。因此，各职业篮球俱乐部需要建立相应的反馈机制，呼吁篮球协会以及相关政府部门加强对体育市场的管理，完善与制定相应的政策，如球员工资政策、外援转会管理办法等。

（三）增加与城市的社会联系，实现互利共赢

俱乐部的发展与所在城市的发展状况有着密切的关系，俱乐部所在城市的人口流动、经济与文化、生产方式、商业模式、交通、税收等都会对自身的发展产生影响，尤其是城市的经济与居民的消费水平对俱乐部的球票、广告等产品的销售影响显著。当然，俱乐部的发展也会提升城市的品牌形象和知名度。从我国职业篮球俱乐部的空间分布形式上看，大部分俱乐部都分布于东部沿海发达城市以及中西部的省会城市，且各地区职业篮球俱乐部几乎具有唯一性（北京除外），这对其发展较

为有利。因此，职业篮球俱乐部增加与城市的社会联系，更加有利于自身的发展，实现互利共赢，如俱乐部促进了城市群众体育的发展，为城市带来了更多的品牌效应等，而俱乐部收获了当地政府给予的诸如资金、政策、土地、场馆、训练设施、人才等方面的支持。

（四）提高联赛品牌形象，大力发展关联产业

联赛是俱乐部的依托，俱乐部的发展离不开联赛的滋养，通常“蛋糕越大”，俱乐部的份额也就越大。因此，联赛规模将决定俱乐部的发展程度。据不完全统计，2015—2016 赛季美国男子职业篮球联赛收益达到了 51.5 亿美元，多数俱乐部都实现了破亿元的盈利，这主要得益于联赛内部的良好运作，尤其是美国男子职业篮球联赛在不同地区转播权的销售以及明星球员的宣传效应。在我国随着篮球运动的推广，中国男子篮球职业联赛的商业价值也在不断提高，2012—2017 年，国内著名体育品牌中国李宁与中国男子篮球职业联赛之间签订了为期 5 年的合同，总金额达到 20 亿元，同时在 2017 年李宁作为联赛的唯一官方战略合作伙伴完成了 5 年近 10 亿人民币的价格续约。而中国人寿也在 2017 年与中国男子篮球职业联赛签下 3 年人民币近 10 亿元的合同，成为中国男子篮球职业联赛历史上首家“主赞助商”。而另一方面，中国男子篮球职业联赛的转播权收入涨幅也连年提升，从 2014 年开始，中国男子篮球职业联赛的新媒体版权平均每年的收益约 2000 万元，2018 年，中国男子篮球职业联赛拥有咪咕、优酷和腾讯三个转播商加盟后的版权收入约 4.5 亿元，这体现了中国男子篮球职业联赛的商业价值随着市场的发展得到了迅速提升。由此可见，中国男子篮球职业联赛在未来具有巨大潜力，俱乐部需要提高自身的品牌价值，为联赛争取最大化的商业效益。

市场经济条件下，职业篮球俱乐部不可能独立存在，它需要关联产业的支持。在职业篮球领域中，与篮球相关联的产业主要包括媒体传媒行业、服装球鞋的制造业与零售业、服务业、信息技术产业以及相关技术产业等。这些产业的快速发展将影响俱乐部核心竞争力的组建与维持，延长俱乐部核心竞争力的生命周期。如北京、广东、上海等地区是国内相关产业的密集区，该地区的俱乐部也延续了良好的发展势头。因此，我国职业篮球俱乐部需要与相关产业建立起紧密的联系，不管是物质产品还是精神产品的生产者，或者是这些产品的消费者，都需要为俱乐部持续输送能量。

结论与建议

一、结　论

①我国职业篮球俱乐部核心竞争力界定为职业篮球俱乐部所独具的，是在外界环境的评估下，通过有序地整合自身资源所形成的一种能够使俱乐部在竞赛或服务等方面长期取得领先地位的关键性集合力量或素质。它的本质主要包括复杂性与难以替代性，而特征则表现为战略性中的单一性及动态性中的瞬时性、高度的协同性以及相对难隐性等。

②我国职业篮球俱乐部核心竞争力主要由内部治理能力、经营管理能力、综合竞技能力、人力资源管理、文化与学习能力这五项要素构成；而功能价值主要体现在为俱乐部获得长期的竞争优势和获取利益，提高国家篮球水平、发展社会公益事业、促进大众体育健身等方面。

③我国职业篮球俱乐部核心竞争力的形成是各构成要素协同的结果，各要素在竞争中形成的核心要素是推动核心竞争力不断变化的主要力量。它的变化轨迹主要包括一般性与特殊性，其中一般性轨迹变化主要包括产生初期、快速发展期、成熟期、衰退期、蜕变期等阶段；特殊性轨迹变化则表现出跨越式发展，当俱乐部知识、技术、能力等资源过

度积累或减少时，核心竞争力将脱离一般发展阶段发生变化，表现出超前或者滞后。

④我国职业篮球俱乐部核心竞争力的产生与发展是由内外因共同决定的，内因主要是俱乐部自身的知识、技术、能力、设施等软硬件资源；外因主要表现在政府干预、市场机制、制度环境、外部联盟等。

⑤我国职业篮球俱乐部核心竞争力评价体系中各构成要素指标的权重系数，从大到小依次为俱乐部综合竞技水平、俱乐部经营管理能力、俱乐部人力资源管理、俱乐部内部治理以及俱乐部文化与学习能力。

⑥我国职业篮球俱乐部核心竞争力的培育机制主要包括发动机制、依托基点、动力源泉、运行机制、培育方式五个方面，各方面协同配合，最终形成俱乐部的核心竞争力。提升路径是通过完善职业篮球俱乐部硬实力、文化、学习能力、制度、形象等，实现职业篮球俱乐部核心竞争力不断优化升级。

二、建 议

①我国职业篮球俱乐部核心竞争力是在企业与俱乐部状况基础上形成的，俱乐部核心竞争力体系包括概念、本质以及特征等方面，需要根据环境变化不断与时俱进，精雕细琢。

②核心竞争力构成要素及其影响因素是整个理论的核心。在研究中，既要整体性把握，也需要在整体的框架下将其割裂开分析，同时各要素间存在着相近或者交叉内容，需要进一步进行规范。此外，在各构成要素中要突出核心要素和辅助要素对核心竞争力整体的作用。

③职业篮球俱乐部核心竞争力评价体系属于动态、开放性体系，在应用过程中需要结合俱乐部自身的情况进行评价。另外，核心竞争力的

评价体系也需要根据环境的变化与时俱进，力求保持科学性与合理性。

④我国职业篮球俱乐部核心竞争力的培育和提升，需要结合不同俱乐部的自身情况，以保证正确的培育路径及核心竞争力的不断优化升级。俱乐部应该着重从战略理念、俱乐部文化以及训练与比赛水平等方面入手，做到软、硬实力兼顾，使俱乐部核心竞争力得到巩固与提高。

参考文献

中文文献

［1］阿瑟·汤姆森，斯迪克兰德. 战略管理：概念与案例：第 10 版［M］. 段盛华，王智慧，主译. 北京：北京大学出版社，2004.

［2］白喜林，苏荣伟，张勇，等. 中国职业篮球俱乐部的经营现状与发展对策［J］. 北京体育大学学报，2000，23（1）：1-4.

［3］白喜林，盛绍增. 中国职业篮球俱乐部的经营现状与发展对策［J］. 中国体育科技，2000，36（5）：35-37.

［4］毕仲春，郭永波，陈丽珠. 篮球技术的理论研究［J］. 北京体育大学学报，2004，27（8）：1125-1127，1145.

［5］蔡美燕，支俊才，王国咏. 我国职业篮球俱乐部后备人才培养影响因素研究［J］. 山东体育学院学报，2011，27（4）：70-75.

［6］曹勇. 对我国职业篮球俱乐部管理体制及市场开发现状的理性思考［J］. 福建体育科技，2006，25（5）：39-41.

［7］陈喜珍，秦婧云. 我国职业足球俱乐部企业文化建设体系初探［J］. 吉林体育学院学报，2010，26（1）：13-15.

[8] 丁开盛，梁雄健. 企业核心竞争能力初探［J］. 北京邮电大学学报（社会科学版），1999（1）：13-17.

[9] 丁林梅. 对我国职业体育俱乐部公司治理结构的探讨［J］. 沈阳体育学院学报，2004，23（6）：753-755.

[10] 杜刚，崔婷. 企业核心竞争力的层次：维度结构及其评价判定模型研究［J］. 科学学与科学技术管理，2005，26（1）：138-142.

[11] 范宏旗. 对我国职业篮球俱乐部理想模式的研究［J］. 武汉体育学院学报，2000（4）：6-8.

[12] 范民运，王伟，周武. 外籍球员的引进对CBA联赛影响的研究［J］. 北京体育大学学报，2007，30（11）：1561-1563.

[13] 范振国，王建国. CBA联赛非均衡发展的现状、成因及改进建议［J］. 武汉体育学院学报，2007，41（10）：72-76.

[14] 冯祈善，赖纯见，赵仁勇. 基于AHP的企业核心竞争力评价［J］. 重庆大学学报（自然科学版），2002，25（4）：99-102.

[15] 弗里德里希·冯·哈耶克. 哈耶克文选［M］. 冯克利，译. 郑州：河南大学出版社，2015.

[16] 桂萍，谢科范. 企业核心竞争力的生命周期［J］. 科研管理，2002，23（3）：20-24.

[17] 郭永波，罗智文，陈明华. 我国职业篮球发展中的问题与改革设想［J］. 体育学刊，2016，23（6）：30-34.

[18] 韩德昌. 公司战略管理［M］. 太原：山西经济出版社，1999.

[19] 郝家春，查吉陆. 转型期我国竞技篮球后备人才培养模式及优化策略［J］. 武汉体育学院学报，2012，46（8）：96-100.

[20] 侯德红，唐建倦. 中国竞技篮球后备人才培养模式研究［J］. 首都体育学院学报，2009，21（3）：375-377，381.

[21] 侯会生，兰保森，郝斌，等. 中国足球超级俱乐部队凝聚力调查分析 [J]. 北京体育大学学报，2010，33 (2)：125-128，137.

[22] 胡大立. 企业竞争力决定因素及其形成机理分析 [M]. 北京：经济管理出版社，2005.

[23] 胡宜挺，李万明. 企业核心竞争力构成要素及作用机理 [J]. 技术经济与管理研究，2005 (2)：20-22.

[24] 姜韩. CBA 联赛职业化改革运行机制及其优化 [J]. 南京体育学院学报 (社会科学版)，2013，27 (1)：118-121.

[25] 金碚. 论企业竞争力的性质 [J]. 中国工业经济，2001 (10)：5-10.

[26] 靳英华. 体育经济学 [M]. 北京：高等教育出版社，2011.

[27] 李滨. 组织文化视角下的我国职业足球俱乐部文化建设 [J]. 南京体育学院学报 (自然科学版)，2011，10 (1)：125-127.

[28] 李焓铷. 中国男子职业篮球俱乐部经营模式的研究 [D]. 北京：北京体育大学，2013.

[29] 李可. 基于顾客满意度方法理论的体育服务管理研究 [J]. 北京体育大学学报，2008，31 (12)：1612-1615.

[30] 李清玲，王建国. CBA 利益分配研究 [J]. 成都体育学院学报，2009，35 (11)：10-13.

[31] 李希明. 职业体育俱乐部公司治理问题探析 [J]. 上海体育学院学报，2009，33 (6)：41-44.

[32] 李悠诚，陶正毅，白大力. 企业如何保护核心能力的载体——无形资产 [J]. 国际商务 (对外经济贸易大学学报)，2000 (4)：49-52.

[33] 李正中，韩智勇. 企业核心竞争力：理论的起源及内涵 [J].

经济理论与经济管理，2001（7）：54-56.

［34］练碧贞，陈金英，李占平. CBA 运动员力量训练安排的研究［J］. 北京体育大学学报，2009，32（3）：105-106.

［35］梁伟，梁柱平，张珺. 中国男子篮球职业联赛利益主体策略选择的演化博弈研究［J］. 体育与科学，2014，35（4）：101-105.

［36］林志扬. 正确认识与识别企业的核心竞争力［J］. 中国经济问题，2003（2）：67-72.

［37］刘波. 德国体育俱乐部建制探析［J］. 体育与科学，2007，28（3）：57-60，64.

［38］刘新征，蒋纯金，赵志明. 中国篮球运动体能训练理念创新研究［J］. 北京体育大学学报，2009，32（5）：111-113.

［39］卢元镇. 体育社会学：第三版［M］. 北京：高等教育出版社，2010.

［40］罗艳春. CBA 联赛近三年参赛球队成绩与其外援技术发挥的典型相关分析［J］. 沈阳体育学院学报，2012，31（1）：120-123，127.

［41］马歇尔. 经济学原理［M］. 廉运杰，译. 北京：商务印书馆，2007.

［42］迈克尔·波特. 竞争战略［M］. 陈小悦，译. 北京：华夏出版社，1997.

［43］米靖，苗向军，张勇，等. 我国高水平篮球比赛负荷特征研究［J］. 北京体育大学学报，2008，31（3）：404-407.

［44］邱芬，姚家新. 我国专业教练员胜任特征模型、评价量表的建立及测评研究［J］. 体育科学，2009，29（4）：17-26.

［45］史蒂芬·多布森，约翰·戈达德. 足球经济［M］. 樊小平，

张继业，译. 北京：机械工业出版社，2004.

[46] 舒刚民，霍军. 现阶段中国篮球高级教练员的培养与发展策略研究 [J]. 西安体育学院学报，2011，28 (5)：612-619.

[47] 斯蒂芬·P. 罗宾斯，玛丽·库尔特. 管理学：第 9 版 [M]. 陈健敏，黄玉伟，王凤彬，等译. 北京：中国人民大学出版社，2008.

[48] 孙娟，陈志凌. CBA 球员转会机制优化研究 [J]. 成都体育学院学报，2011，37 (1)：27-31.

[49] 孙庆海. 我国职业篮球赛事电视转播权的开发现状与对策研究 [J]. 南京体育学院学报（社会科学版），2005，19 (5)：55-57.

[50] 田麦久. 运动训练学 [M]. 北京：人民体育出版社，2000.

[51] 王毅，陈劲，许庆瑞. 企业核心能力测度方法述评 [J]. 科技管理研究，2000 (1)：5-8.

[52] 王毅，陈劲，许庆瑞. 企业核心能力：理论溯源与逻辑结构剖析 [J]. 管理科学学报，2000 (3)：24-32，43.

[53] 王兆宝. 治理结构视角下我国 CBA 职业篮球俱乐部经营管理创新研究 [J]. 武汉体育学院学报，2009，43 (9)：38-41.

[54] 吴玉鸣. 区域核心竞争力理论研究 [J]. 改革与战略，2006 (1)：4-9.

[55] 夏征农. 辞海：第 6 版 [M]. 上海：上海辞书出版社，2009.

[56] 徐阳华. 企业核心竞争力研究综述与前瞻 [J]. 华东经济管理，2005，19 (11)：29-35.

[57] 许正良，王利政. 企业竞争优势本源的探析：核心竞争力的再认识 [J]. 吉林大学社会科学学报，2003 (5)：99-106.

[58] 亚当·斯密. 国民财富的性质和原因的研究：上卷 [M]. 郭大力，王亚南，译. 北京：商务印书馆，1972.

［59］杨年松. 论职业体育俱乐部产权结构与制度安排［J］. 成都体育学院学报，2003，29（1）：76-79.

［60］杨双平. 对我国CBA职业篮球俱乐部公司法人治理结构的理论研究［D］. 北京：北京体育大学，2008.

［61］于江，张不同. 识别企业核心竞争力的渐进化方法［J］. 管理科学，2003，16（5）：14-19.

［62］于振峰，谢恩杰，李晨峰，等. 我国职业篮球联赛电视转播权的开发及相关立法问题［J］. 体育学刊，2003，10（5）：14-16.

［63］虞力宏，陈坚坚. 职业体育俱乐部运动员人力资源价值计量研究［J］. 中国体育科技，2005，41（4）：67-68.

［64］张炳江. 层次分析法及其应用案例［M］. 北京：电子工业出版社，2014.

［65］张成云. 职业篮球俱乐部经营战略分析［J］. 体育文化导刊，2009（3）：74-77.

［66］张洪振. 我国职业体育俱乐部人力资源绩效评估弊端分析：浅议对我国职业体育俱乐部实行绩效管理的构想［J］. 天津体育学院学报，2005，20（5）：52-56.

［67］张金锁，康凯. 区域经济学［M］. 天津：天津大学出版社，2003.

［68］张力为，张连成. 心理疲劳：竞技运动中的研究与应用［M］. 北京：北京体育大学出版社，2013.

［69］张林. 职业体育俱乐部运行机制［M］. 北京：人民体育出版社，2001.

［70］张宁. 我国竞技篮球后备人才培养模式衔接的症结分析与重构思考［J］. 成都体育学院学报，2013，39（6）：76-80.

[71] 张培峰，陈晓静. CBA 联赛外籍球员引进与管理问题研究 [J]. 成都体育学院学报，2011，37 (11)：56-60.

[72] 张培峰，张玮. 中美高校篮球后备人才培养影响因素的比较 [J]. 成都体育学院学报，2007，33 (4)：64-67.

[73] 张吾龙，王然科. 赛事组织对赛场观众影响的策略 [J]. 广州体育学院学报，2006，26 (2)：23-25，37.

[74] 张新华，范宪. 识别、构建和保持企业核心竞争力 [J]. 复旦学报 (社会科学版)，2002 (5)：106-111.

[75] 张忠秋. 高水平运动员运动训练过程的心理监控 [J]. 中国体育教练员，2013 (1)：14-18.

[76] 赵广涛. 我国职业体育俱乐部核心竞争力来源与形成路径研究 [J]. 成都体育学院学报，2010，36 (2)：25-28.

[77] 赵晶，闫育东. 我国职业篮球俱乐部组织模式现状与发展研究 [J]. 体育文化导刊，2006 (8)：14-15.

[78] 郑钢，王守恒. 中国职业篮球联赛运作环境研究 [J]. 首都体育学院学报，2007，19 (4)：25-27.

[79] 郑婕. “体教结合”培养高水平竞技体育人才的研究 [D]. 北京：北京体育大学，2006.

[80] 郑志强. 论职业体育俱乐部治理机制 [J]. 北京体育大学学报，2010，33 (6)：5-8，17.

[81] 周庆功. 中国职业篮球俱乐部十年发展的主要问题分析与对策 [J]. 体育与科学，2005，26 (2)：64-67.

[82] 周星，张文涛. 企业核心能力培育与创造持续竞争优势 [J]. 经济与管理研究，1999 (1)：37-40.

[83] 朱洵韬，段娟娟，李平. 基于文化层次理论下的职业体育俱

乐部人力资源再造理论要素研究［J］. 沈阳体育学院学报，2014，33（4）：37-41.

［84］邹超，王欣亮. 企业核心竞争力的文献综述［J］. 兰州大学学报（社会科学版），2011，39（2）：110-115.

英文文献

［1］ADIZES I. Corporate Lifecycles：How And Why Corporations Grow And Die and What To Do About It［J］. Long Range Planning，1992（1）：128.

［2］ANSOFF H I. Corporate Strategy：An Analytic Approach to Business Policy for Growth and Expansion［M］. London：Penguin Book Ltd，1965.

［3］ARIC H. Sport Psychology：Building Group Cohesion，Performance，and Trustin Athletic Teams［D］. Minneapolis：Capella University，2007.

［4］ARNESSON L，SALMAN K，SHUKUR G. Coach Succession and Team Performance：The Impact of Ability and Timing -- Swedish Ice Hockey Data［J］. Journal of Quantitative Analysis in Sports，2009（1）：2.

［5］BARNEY J B. Firm Resource and Sustained Competitive Advantage［J］. Journal of Management，1991，17（1）：99-120.

［6］LEONARD-BARTON D. Core Capability and Core rigidities：a Paradox in Mannaging New Product Development［J］. Strategic Mangement Journal，1992，13（S1）：111-125.

［7］BROWN M C. Administrative Succession and Organizational Performance the Succession Effect [J]. Administrative Science Quarterly, 1982 (1): 1-16.

[8] CHANDLER A D. Strategy and Structure [M]. Cambridge , MA: MIT Press, 1962.

[9] COOMBS R. Core Competencies and the Strategic Management of R&D [J]. R&D Management, 1996 (4): 345-355.

[10] DAWSON P, DOBSON S, GERRARD B. Estimating Coaching Efficiency in Professional Team Sports: Evidence from English Association Football [J]. Scottish Journal of Political Economy, 2000, 47 (4): 399-421.

[11] DIRKS K T. Trust in Leadership and Team Perfofmance: Evidence from NCCA Basketball [J]. The Journal of Applied Psychology, 2000, 85 (6): 1004-1012.

[12] DOBSON S, GERRARD B. The Determination of Player Transfer Fees in English Professional Soccer [J]. Journal of Sport Management, 1999 (4): 259-279.

[13] DURAND T, THORMAS H. Strategizing for Innovation: Competence Analysis in Assessing Strategic Change [M]. West Sussex: John Wiley & Sons Ltd, 1997.

[14] GRUSKY O . Managerial Succession and Organizational Effective? [J]. American Journal of Sociology, 1963, 69 (1): 21-31.

[15] HENDERSO R, COCKBURN I. Measuring Competence? Exploring Firm Effect in Pharmaceutical Research [J]. Strategic Managemeng Journal, 1994, 15 (S1): 63-84.

[16] MEYER M H. The Product Family and Dynamics of Core Capa-

bility [J]. Sloan Management Review, 1993 (3): 29-47.

[17] MINTZBERG H, DER HEYDEN L V. Organigraphs: Drawing How Companies Really Work [J]. Harvard Business Review, 1999 (5): 87-94, 184.

[18] MINTZBERG H. Strategy - Making in Three Modes [J]. California Management Review, 1973, 16 (2): 44-53.

[19] PFEFFER J, DAVIS-BLAKE A. Administrative Succession and Organizational Performance: How Administrator Experience Mediates the Succession Effect? [J]. The Academy of Management Journal, 1986, 29 (1): 72-83.

[20] PRAHALAD C K, HAMEL G. The Core Competence of Corporation [J]. Harvard Business Review, 1990 (3): 79-91.

[21] PRAHALAD C K. The Role of Core Competencies in the Corporation [J]. Research Technology Management, 1993 (6): 40-47.

[22] ROBBIN S P. Management [M]. New Jersey: Prentice - Hall, 1994.

[23] WATSON C B, CHEMERS M M, PREISER N. Collective Efficacy: A Multilevel Analysis [J]. Personality & Social Psychology Bulletin, 2001, 27 (8): 1057-1068.

[24] WERNERFEL B. A Resource - Based View of the Firm [J]. Strategic Mangagement Journal, 1984 (2): 171-180.

后 记

1996年，一次偶然的学校篮球比赛让我深深地爱上篮球运动，这也为我日后走上研究体育发展的道路奠定了基础。如今，作为一名高校体育教育工作者，更加渴望为国家篮球发展尽绵薄之力。于是，我毫不犹豫地选择在北京体育大学继续深造，结合自己多年对篮球的兴趣，期盼我国的中国男子篮球职业联赛早日比肩美国男子职业篮球联赛，走向世界之巅，故选择了《我国职业篮球俱乐部核心竞争力理论架构研究》这一题目。然而在研究之初，由于我国职业篮球俱乐部的资料有限，调查难度较大，加之涉及多学科知识交叉，我一时间感到束手无策，痛苦、煎熬、无助等各种复杂思绪涌来。如今，经过三年终于完成了本书的撰写，虽如释重负，但亦无太多欢喜。一是为自己的才疏学浅感到担忧，恐不能攀登未来科研高峰，理想破灭；二是学习付出的精力让我无暇顾及妻儿与年迈的父母，更多的责任落在了妻子身上，为此我感到深深的惭愧与自责。

几年的求学中，我有幸得到了诸多师友的关心、教诲与帮助。我的导师刘卫军教授在选题、开题、撰写等方面倾注了大量心血，他的严谨、犀利、耐心，在我遇到困难或徘徊不前的时候给予我莫大支持与关怀，这些我将铭记于心，终生难忘。另外，我在撰写论文的研究思路、框架、内容等时还得到了苏州大学王家宏教授，北京体育大学苗向军教授、米靖教授、潘祥副教授等的悉心指导，在此向他们表示深深的感谢。

本书撰写期间，数据的收集是研究的关键，而在收集的过程中我有幸得到了中国篮球协会竞赛部陆永明老师的帮助，让我有机会对诸多中国男子篮球职业联赛俱乐部进行咨询与访谈，在获得数据的同时更加深入地了解到目前中国男子篮球职业联赛俱乐部发展的最新动态。此外，向为我耐心讲解并提出宝贵意见的山西国投猛龙、广东宏远华南虎、广州龙狮等俱乐部的经理们表示感谢。

张孟特女士是我生活中的伴侣，求学之路上她给予我巨大的支持与关怀，她独自在异乡工作，更需照顾孩子与双方父母，种种艰辛可想而知，对其感谢无以言表。最后，我很庆幸可以在信息高度发达的时代求学，网络化大数据的出现为我的收集、撰写提供了极大便利，让我可以与更多的师友畅谈、交流研究中的若干问题，吸收知识，激发灵感，同时也可以欣赏到更多同行的优秀成果，这些都让我的知识储备不断得以丰实。

看到诸多同学身披博士服、头戴博士帽的瞬间，我意识到求学之路即将结束、学术生涯即将开始，虽然这几年的学习艰苦，甚至枯燥，但我依然感谢能有这一机会，更加感恩这里的一草一木——这个梦想开始的地方。